FRANK
SCHIRR
MACHER

PAYBACK

FRANK SCHIRRMACHER

PAYBACK

Warum wir im Informationszeitalter gezwungen sind zu tun, was wir nicht tun wollen, und wie wir die Kontrolle über unser Denken zurückgewinnen

Blessing

FSC
Mix
Produktgruppe aus vorbildlich bewirtschafteten Wäldern und anderen kontrollierten Herkünften
Zert.-Nr. SGS-COC-1940
www.fsc.org
© 1996 Forest Stewardship Council

Verlagsgruppe Random House FSC-DEU-0100
Das für dieses Buch verwendete
FSC-zertifizierte Papier *Munken Premium*
liefert Arctic Paper, Mochenwangen GmbH.

1. Auflage

Umschlaggestaltung: Hauptmann & Kompanie Werbeagentur GmbH,
München – Zürich, Christian Otto
Layout: Ursula Maenner
Satz: Leingärtner, Nabburg
Druck und Einband: GGP Media GmbH, Pößneck
Printed in Germany
ISBN 978-3-89667-336-7

www.blessing-verlag.de

Für Gretchen

Computer kapitulieren nie.
Nathan Myrvhold

Humans don't crash.
Anonymus

INHALTSVERZEICHNIS

ZWEITER TEIL

Wie wir die Kontrolle über unser Denken zurückgewinnen können

ERSTER TEIL

Warum wir tun, was wir nicht tun wollen

MEIN KOPF KOMMT NICHT MEHR MIT

Was mich angeht, so muss ich bekennen, dass ich den geistigen Anforderungen unserer Zeit nicht mehr gewachsen bin. Ich dirigiere meinen Datenverkehr, meine SMS, E-Mails, Feeds, Tweeds, Nachrichtensites, Handyanrufe und Newsaggregatoren wie ein Fluglotse den Luftverkehr: immer bemüht, einen Zusammenstoß zu vermeiden, und immer in Sorge, das Entscheidende übersehen zu haben. Ohne Google wäre ich aufgeschmissen und nicht mehr imstande, einen Handwerker zu bestellen oder zu recherchieren.

Würde ich morgen vom Internet oder Computer geschieden werden, wäre das nicht eine Trennung von dem Provider, sondern es wäre das Ende einer sozialen Beziehung, die mich tief verstören würde.

Am Tag meiner Konfirmation, als ich den Spielcomputer Logikus der Firma Kosmos geschenkt bekam, bin ich freudig in das Wettrüsten mit der jeweils neuesten Technologie eingetreten. Moores Gesetz – das Gesetz, wonach sich die Geschwindigkeit der Prozessoren alle zwei Jahre verdoppelt – kannte ich schon, als ich meinen ersten Amstrad-Rechner kaufte.

Bedienungsanleitungen verstehe ich so wenig wie alle anderen Menschen, aber die Geräte selbst konnte ich immer schon nach kurzer Eingewöhnungszeit bedienen. Niemals fühlte ich mich von Computern überfordert. Ich simse am Stück, Leute, die ich nicht kenne, folgen meinem ungenutzten Twitter-Account, ich weiß, wo ich im Internet Antworten auf meine Fragen finde.

Ich will sagen: Weder bin ich der Amish des Internet-Zeitalters noch ein technologischer Einsiedler. Und ich erwähne das alles überhaupt nur, um nicht gleich im nächsten Absatz in den Verdacht zu geraten, einfach nicht mehr lernfähig zu sein.

Aber etwas stimmt nicht mehr. Mein Kopf kommt nicht mehr mit. Zwar bilde ich mir ein, dass ich meinen Gesprächspartnern ebenbürtig bin, und ich habe nicht den Eindruck, dass ich heute weniger von der Welt verstehe als früher.

Das Problem ist meine Mensch-Computer-Schnittstelle. »Das Hirn ist nichts anderes als eine Fleisch-Maschine«, hat leicht verächtlich Marvin Minsky, einer der Begründer der Informatik, schon vor Jahrzehnten gesagt. Und meine »Fleisch-Maschine« ist offenbar nicht mehr besonders gut.

Es ist, als laufe mein Web-Browser mittlerweile auf zwei verschiedenen Plattformen, eine auf meinem Computer und eine sehr viel langsamere Version in meinem Kopf. Damit ein leistungsschwaches Handy eine mit technischen Spielereien vollgepackte Website trotzdem darstellen kann, haben die Programmierer eine Methode erfunden, die sich »graceful degradation« nennt, auf Deutsch: »würdevolle Herabstufung«. Die Website gibt sich gewissermaßen bescheiden, um das Handy, das in diesem Fall zu den armen Verwandten zählt, nicht in seinem Stolz zu verletzen.

Das Verhältnis meines Gehirns zur Informationsflut ist das der permanenten würdelosen Herabstufung. Ich spüre, dass mein biologisches Endgerät im Kopf nur über eingeschränkte Funktionen verfügt und in seiner Konfusion beginnt, eine Menge falscher Dinge zu lernen.

Aber ich habe auch meinen Stolz. Ich schließe von meinem Kopf auf viele Köpfe, und dass es mir wie vielen geht: Ich glaube, es hat, um ein Lieblingswort der Informatiker zu zitieren, eine Rückkoppelung stattgefunden, die jenen Teil der Aufmerksamkeit, den wir früher uns selbst widmeten, abzapft, auffrisst und als leere Hülle zurücklässt. Man nennt das *feed-back*, wörtlich: eine Rück-Ernährung. Aber wer ernährt sich von unserer Aufmerksamkeit?

Keine SMS, kein Blog, keine E-Mail wird in den Wind gesendet. Keine Suchanfrage, kein Tweet, kein Click geht verloren. Nichts verschwindet und alles speist Datenbanken. Wir füttern mit unseren Gedanken, Worten und E-Mails das Wachstum eines gewaltigen synthetischen Hirns. Das ist keine Vermenschlichung eines technischen Vorgangs. Genau das geschieht, wie wir im Laufe dieses Buches sehen werden.

Mir scheint, dass viele Leute gerade merken, welchen Preis wir zahlen. Buchstäblich. Manchmal endet es im Ruin. So wie bei dem Stanford-Professor Lawrence Lessig, der vor ein paar Jahren seinen »E-Mail-Bankrott« erklärte, nachdem sich in seinem Postfach Tausende ungelesene E-Mails angesammelt hatten und er auch nach achtzig Stunden keinen Überblick hatte.[1]

Ich bin noch nicht bereit, den Bankrott zu erklären. Aber ich bin unkonzentriert, vergesslich und mein Hirn gibt jeder Ablenkung nach. Ich lebe ständig mit dem Gefühl, eine Information zu versäumen oder zu vergessen, und es gibt kein Risiko-Management, das mir hilft. Und das Schlimmste: Ich weiß noch nicht einmal, ob das, was ich weiß, wichtig ist, oder das, was ich vergessen habe, unwichtig.

Jeden Tag werde ich mehrmals in den Zustand des falschen Alarms versetzt, mit allem, was dazugehört. Nicht mehr lange, und ich könnte Ehrenmitglied jener wachsenden Gruppe von Japanern werden, die nicht nur systematisch ihre U-Bahn-Station verpassen, sondern mittlerweile auch immer häufiger vergessen, wie die Station überhaupt heißt, an der sie aussteigen müssen.

Kurzum: Ich werde aufgefressen.

Das ist eine so bittere wie peinliche Erkenntnis. Man kann ihr auch nicht entrinnen, wenn man den Bildschirm abschaltet. Ständig begegnet man Menschen, die in jeder Situation per Handy texten, E-Mails abrufen, gleich mit ihrem ganzen Laptop anrücken, und immer häufiger höre ich bei Telefonaten dieses insektenhafte Klicken, weil mein Gesprächspartner tippt, während er telefoniert. Jede Sekunde dringen Tausende Informationen in die Welt, die nicht mehr Resultate melden, sondern Gleichzeitigkeiten. Die Ergebnisse von Wahlen werden getwittert. In New York wollte ein Richter einen Geschworenen entlassen, weil herauskam, dass der entgegen der Weisung Hintergründe des Verfahrens gegoogelt hatte. Es stellte sich dann allerdings heraus, dass acht weitere Geschworene das Gleiche getan hatten, worauf gleich das ganze Verfahren ausgesetzt werden musste.

In Arkansas verschickte ein Geschworener regelmäßig Updates eines Prozesses per Twitter, in Pennsylvania stellte ein anderer Schöffe das noch nicht verkündete Urteil auf seinen Facebook-Account.[2] Jede dieser Informationen wird nicht nur getippt und gesendet, sie muss auch empfangen und gelesen werden.

Die neue Gleichzeitigkeit von Informationen hat eine Zwillingsschwester, die wir »Multitasking« getauft haben.

Wir alle, die wir auf die gläsernen Bildschirme starren, sind Menschen bei der Fütterung; wie die stolzen Besitzer von Terrarien, die Nahrungswolken auf die unsichtbaren Tiere in ihren Glaskästen herabregnen lassen. Es ist eine Eile dabei, als könnte etwas verhungern. Ich habe das Gefühl, dass die Menschen, die ich kenne, immer schneller erzählen, gerade so, als könnten sie nicht damit rechnen, dass genug Zeit bleibt, ihnen zuzuhören, weil die Informationskonkurrenz so gewaltig ist.

Dass es anderen auch so geht wie mir, ist beruhigend. Und sehr beunruhigend zugleich.

In meinem E-Mail-Postfach findet sich seit ein paar Tagen die Nachricht des Herausgebers einer amerikanischen Literaturzeitschrift. Er beklagt, dass seine Doktoranden nicht mehr in der Lage zu sein scheinen, die Romane William Faulkners zu lesen. Und dann fügt er leicht klagend hinzu, dass auch er nicht mehr die Literatur des neunzehnten Jahrhunderts liest, weil er an die Schnelligkeit und Zugänglichkeit verschiedenster Informationsquellen gewöhnt ist.

Wir Informationsüberladenen sollten uns bekennen.

Der Philosoph Daniel Dennett hat das Genre der intellektuellen Selbstbezichtigung unlängst in einem Artikel für die »New York Times« wunderbar neu belebt. Und von ihm können wir lernen: »Wir sind keine Minderheit, wahrscheinlich sind wir die leidende Mehrheit.«[3] Wir sind überall. Wir könnten Ihre Brüder und Schwestern oder Ihre Töchter und Söhne sein. Wir sind Krankenschwestern und Ärzte, Polizisten und Lehrer, Journalisten und Wissenschaftler. Wir sind auch schon in den Kindergärten und Schulen. Und es kommen täglich mehr dazu.

Es ist ein Prozess ohne Beispiel. Und es ist ein Prozess, in dem nicht Dummheiten, sondern Intelligenzen miteinander konkurrieren. Wenn es um Dummheit und Zeitverlust ginge, um Entwürdigung von Mensch und Intelligenz, um die Aushöhlung der besten Seiten im Betrachter, dann reicht ein Blick in die Boulevard-Formate des Privatfernsehens. Gemeinsam mit IBM hat der amerikanische Kommunikationswissenschaftler Clay Shirky den geistigen Aufwand ziemlich genau beziffert: Das gesamte Wikipedia-Projekt, so Shirky, jede Zeile in allen Sprachen akkumuliert 98 Millionen Stunden menschlichen Denkens. Das ist eine gigantische Zahl. Sie relativiert sich aber, wenn man sich klarmacht, dass allein an einem einzigen Wochenende sämtliche Fernsehzuschauer der USA addiert 98 Millionen Stunden reine Fernsehwerbung sehen.[4] Die 98 Millionen Stunden Wikipedia sind das, was Shirky »kognitiven Mehrwert« nennt. Wer über das digitale Zeitalter redet, redet nicht nur über ein Medium. Er redet über eine Fabrik der Gedanken. Im Internet mag es viele Dummheiten geben, aber es wetteifern dort auch außerordentliche Intelligenzen miteinander – nicht nur in Texten, sondern vor allem und in erster Linie in den unsichtbaren Computercodes, die uns leiten. Hinter ihnen stecken die wahren Programmdirektoren unseres Lebens. Darunter sind ein paar der klügsten Menschen der Welt.

Kein Mensch kann mehr daran zweifeln, dass wir in eine neue Ära eingetreten sind, aber die Zweifel, wohin sie uns führt, wachsen täglich.

Das Gefühl von Vergesslichkeit und Vergeblichkeit steht nicht im Widerspruch zu den gigantischen Datenmengen, die täglich gespeichert werden, sondern ist deren Resultat. Nichts mehr, das verweht, und keine Frage, die nicht ohne Antwort bliebe. Nach einer Berechnung der Universität Berkeley wurden im Jahre 2003 auf allen bekannten Datenträgern, von Print bis Internet, 5 Exabyte *neuer* Informationen gespeichert. Die unvorstellbare Zahl entspricht allen jemals von Menschen auf der Erde gesprochenen Worten.[5] Die jüngste Studie, die 2010 publiziert werden soll, wird eine weitere Informationsexplosion verzeichnen. Jede dieser Informationen muss von irgendjemanden produziert und gesendet und von einem anderen gelesen und gespeichert worden sein. Darunter gibt es unendlich viel Trash, aber, da nun jeder am großen Text der Welt mitschreibt, auch unzählige Gedanken und Erkenntnisse, die nach unserem bisherigen Verständnis von Intelligenz jedermann angehen und interessieren müssten. »Es gibt nicht mehr genügend Hirne, die die Bevölkerungsexplosion der Ideen beherbergen könnte«, schreibt resigniert der Philosoph Daniel Dennett.[6]

Informationen fressen Aufmerksamkeit, sie ist ihre Nahrung.

Aber es gibt nicht genügend Aufmerksamkeit für alle die neuen Informationen, nicht einmal mehr in unserem eigenen persönlichen Leben. Wenn Bevölkerungsexplosionen mit Nahrungsmangel zusammentreffen, entstehen darwinistische Verteilungskämpfe, Arten sterben aus, andere überleben, das wissen wir, weil Charles Darwin die Bevölkerungstheorien von Thomas Malthus gelesen hat und dadurch erst seine Evolutionstheorie entwickeln konnte. Unsere Köpfe sind die Plattformen eines Überlebenskampfes von Informationen, Ideen und Gedanken geworden, und je stärker wir unsere eigenen Gedanken in das Netz einspeisen, desto stärker werden wir selbst in diesen Kampf mit einbezogen. Er hat jetzt erst Verlage und Zeitungen, Fernsehen und die Musikindustrie getroffen.

Aber man mache sich nichts vor. Der darwinistische Überlebenskampf ist im Begriff, auf das Leben des Einzelnen überzugreifen, auf seine Kommunikation mit anderen, sein Erinnerungsvermögen, das der größte Feind neuer Informationen ist, auf sein soziales Leben, auf seine Berufs- und Lebenskarriere, die längst Bestandteil des digitalen Universums geworden ist.

Die drei Ideologien, die das Leben der Menschen in den letzten zwei Jahrhunderten bis heute am nachhaltigsten verändert haben, waren Taylorismus – also die »Arbeitsoptimierung« gesteuert durch die Stoppuhr und den Zwang zur äußersten Effizienz –, Marxismus und Darwinismus. Alle drei Weltbilder finden im digitalen Zeitalter in einer »personalisierten« Form, nicht als Ideologie, sondern als Lebenspraxis, zusammen. Der Taylorismus in Gestalt des Multitaskings, der Marxismus in Gestalt kostenloser Informationen, aber auch selbstausbeutende Mikroarbeit im Internet, die vor allem Google zugute kommt, und der Darwinismus in Gestalt des Vorteils für denjenigen, der als Erster die entscheidende Information hat.

Dieses Buch will zeigen, wie die Informationsexplosion unser Gedächtnis, unsere Aufmerksamkeit und unsere geistigen Fähigkeiten verändert, wie unser Gehirn physisch verändert wird, vergleichbar nur den Muskel- und Körperveränderungen der Menschen im Zeitalter der industriellen Revolution. Kein Mensch kann sich diesem Wandel entziehen. Aber das sind nur Vorbereitungen auf einen ungleich größeren Wandel. Er umfasst weit mehr als Kommunikation mit Handys und Computern, mehr als Multitasking und Schwarmintelligenz; er bezeichnet eine Zeitenwende, die nach dem Wissenschaftshistoriker George Dyson dadurch gekennzeichnet sein wird, dass in ihr eine neue Art von Intelligenz geweckt wird. Was wir im Augenblick als geistige Überforderung mit den neuen Technologien bei gleichzeitiger körperlicher Lust an ihnen erleben, sind nur die physischen Schmerzen, die uns die Anpassung an diese neue Intelligenz zufügt.

Die digitale Gesellschaft ist im Begriff, ihr Innenleben umzuprogrammieren. Auf der ganzen Welt haben Computer damit begonnen, ihre Intelligenz zusammenzulegen und ihre inneren Zustände auszutauschen; und seit ein paar Jahren sind die Menschen ihnen auf diesem Weg gefolgt. Solange sie sich von den Maschinen treiben lassen, werden sie hoffnungslos unterlegen sein. Wir werden aufgefressen werden von der Angst, etwas zu verpassen, und von dem Zwang, jede Information zu konsumieren. Wir werden das selbstständige Denken verlernen, weil wir nicht mehr wissen, was wichtig ist und was nicht. Und wir werden uns in fast allen Bereichen der autoritären Herrschaft der Maschinen unterwerfen. Denn das Denken wandert buchstäblich nach außen; es verlässt unser Inneres und spielt sich auf digitalen Plattformen ab. Das Gefühl, dass das Leben mathematisch vorbestimmt ist und sich am eigenen Schicksal nichts mehr ändern wird, ist einer der dokumentierten Effekte der Informationsüberflutung.

Aber im Internet und den digitalen Technologien steckt auch eine gewaltige Chance. Denn es gibt einen Ausweg, der selten so gangbar schien wie heute: Die Perfektion der entstehenden Systeme hilft uns nur, wenn wir uns erlauben, weniger perfekt zu sein, ja aus unserem Mangel und unserer Unvollständigkeit etwas zu stärken, was Computer nicht haben und worum sie uns beneiden müssten: Kreativität, Toleranz und Geistesgegenwart.

DAS NEUE HIRN

Der erste Computer stand beim Militär. Er kümmerte sich um Aufklärung im buchstäblichen Sinn: um Luftverteidigung und Artillerievorausberechnungen. Dann tauchten ein paar bei den Banken auf. In den siebziger Jahren eroberten sie die Universitäten und die Medizin. Dann zog er in die Praxen ein, und überall, wo er angeschlossen wurden, veränderte er die Menschen, die mit ihm arbeiteten. Mittlerweile steht in jedem zweiten Kinderzimmer einer.

Im Jahr 1923 schenkte ein Unbekannter einem kleinen elfjährigen Jungen zu Weihnachten ein Kinderbuch. Es hatte 365 Seiten und viele Bilder von Käfern, Gehirnen und Dinos. Das Buch hieß »Wunder der Natur, die jedes Kind kennen sollte«, und es war, wie wir heute wissen, eines der folgenreichsten Weihnachtsgeschenke der Weltgeschichte. Der pädagogisch befeuerte Verfasser, ein Dr. Edwin Brewster, wollte im Stil einer Wikipedia der Jahrhundertwende Kindern das Wissen der Natur und der Technik des Lebens vermitteln.[7] Der kleine Junge las begeistert wie niemals wieder in seinem Leben. Noch nach vielen Jahren, längst ein Erwachsener und im Begriff, mit seinen Gedanken die Welt zu revolutionieren, schrieb er seiner Mutter, dass kein Buch ihn mehr beeinflusst habe als Dr. Brewsters Enzyklopädie.[8]

Brewsters Buch war erstaunlich ambitioniert. Kapitelüberschriften lauteten »Wo wir denken«, »Was Pflanzen wissen«, »Über Sprechen und Denken« und »Sehen ist Glauben«, eine

Beschreibung optischer Täuschungen. Er erklärte, warum Papageien, die reden können, trotzdem nicht verstehen, was sie sagen, und führte als Beweis an, dass sie ja auch niemals miteinander reden würden. Entscheidend für das Naturverständnis Brewsters waren zwei Stellen. Er verglich den Menschen mit einer Maschine, die nach den gleichen Algorithmen arbeitet wie ein Motor. Und er beschrieb die biologische Notwendigkeit von Aufmerksamkeit, die die Voraussetzung von Denken ist. »Natürlich ist der Körper eine Maschine«, heißt es, »es ist eine unglaublich komplizierte Maschine, viel, viel komplizierter als irgendeine Maschine, die je von Menschenhand gebaut wurde, aber es ist immer noch eine Maschine. Sie ist mit der Dampfmaschine verglichen worden. Aber das war, bevor man so viel wusste, wie man heute weiß. In Wahrheit ist sie ein Benzinmotor, wie beim Auto, Motorboot oder dem Flugzeug«.

Und über die Aufmerksamkeit: »Verstehst Du jetzt, warum Du fünf Stunden am Tag zur Schule gehen musst, auf einem harten Stuhl sitzt und noch härtere Aufgaben lösen musst, während Du lieber schwimmen gehen würdest? Das geschieht, damit Du diese Denk-Punkte in Deinem Gehirn aufbaust … Wir fangen jung an, während das Hirn noch wächst. Jahr für Jahr bauen wir durch Lernen und Arbeit ganz langsam diese Denk-Punkte über unserem linken Ohr auf und benutzen sie für den Rest unseres Lebens. Wenn wir erwachsen sind, können wir keine neuen Denk-Punkte mehr formen.«[9]

Der kleine Junge war Alan Turing, einer der größten Mathematiker des zwanzigsten Jahrhunderts und ohne Zweifel der legitime Erfinder des Computers. Brewsters Buch war der Baukasten seines späteren Denkens: Die Vorstellung, dass der Mensch eine Maschine sei, ist Voraussetzung für die Frage, ob dann nicht umgekehrt Maschinen wie Menschen denken können. Und die Erkenntnis, dass nicht-papageienhafte Intelligenz sich in Kommunikation ausdrückt, ist die Voraussetzung für die Einsicht, dass die Kommunikation zwischen Mensch und Maschine über die Zukunft der Intelligenz entscheidet. Es ist paradox, dass der Mann, der die Grundlagen für intelligente Maschinen legte, gleichzeitig unfreiwillig derjenige war, der, um mit Brewster zu reden, die »Denkpunkte« im menschlichen Hirn schwächte, weil seine Entdeckung die Aufmerksamkeit und das Denken des Menschen fundamental veränderte. Der kleine Junge, der dort aufgeregt und ergriffen in einem Kinderbuch liest, ist ein Musterbeispiel dafür, wie Kinder zu Raketentreibsätzen der Evolution werden. »Eine neue Generation ist ein neues Hirn«, hat Gottfried Benn gesagt, und manchmal baut sie auch neues.

Wie die beiden Jungen Sergej Brin und Larry Page, die siebzig Jahre nach Alan Turing mit Lego spielen und eines Tages daraus ein Kasten bauten, der nichts weniger war, als der erste Server der Welt.

Aus diesem bunten Legoturm wurde innerhalb von nicht einmal fünf Jahren Google, das wertvollste Unternehmen der Welt, das in einem einzigen revolutionären Siegeszug Verlage, Zeitungen, Wissenschaften, Schulen und Hochschulen, Börsen und die Kultur in den Grundfesten erschütterte. Generationen von Kindern haben mit Lego gelernt, dass Gedanken zu Bauplänen und Baupläne zu Materie werden können. Sie haben instinktiv gelernt, was Algorithmen sind, wenn sie die Steine sortierten oder ein Haus bauten. Brin und Page haben die Baupläne mit der universellen Grammatik digitaler Kommunikation ersetzt, die den Legoturm nicht nur zu einem Gegenstand der sichtbaren Welt macht, sondern auch zu einem Leuchtturm der unsichtbaren Welt der Gedanken. Das ist das Hirn, das die Bibliothek von Babel steuert. Nicht aus den Laboratorien und Managementseminaren, sondern aus dem Kinderzimmer kommt die letzte große kognitive Wende der Menschheit. Und noch heute dankt Google mit seinen Farben und den Bausteinen, die in allen Google-Niederlassungen der Welt herumliegen. seiner großen Inspiration. Ihr nächstes Ziel, so sagte Larry Page vor ein paar Jahren, sei es, ein weltumspannendes Gehirn für die Menschheit zu bauen.

»Google ist Turings Kathedrale, und sie wartet auf eine Seele« – mit fast religiöser Inbrunst hat der nüchterne George Dyson seinen Besuch im Googleplex beschrieben. Bilder von Golden Retrievern, die in Zeitlupe durch Springbrunnen laufen, Menschen, die winken und lächeln, und überall Spielzeug.[10] So, das sagen übereinstimmend alle, die Google vor dem Börsengang besucht haben, muss es gewesen sein, als im antiken Griechenland das Denken und im zwölften Jahrhundert in Europa die ersten Kathedralen gebaut wurden. Es ist keine Übertreibung. Es mag heute Google und morgen ein anderes Unternehmen sein. Aber der Legoturm als Kathedrale des neuen kognitiven Zugangs zur Welt bleibt stehen.

Man kann nicht einmal ahnen, was es bedeutet, wenn in den nächsten Jahren eine Generation auf der Bildfläche erscheint, die Gedanken, neue Ideen und Lebensformen aus dem vorhandenen Wissen so selbstverständlich zusammensetzt, wie Brin und Page ihren Legoturm zusammensetzten. Aber das ist nur die eine Variante. Die andere ist die Frage, wie sie mit all dem auf der Welt umgehen, das nicht aus Bausteinen besteht.

Die Generation der heute 18-Jährigen kennt keine Welt ohne Computer. Können sie unsere Überforderung mit der Informationsflut nachvollziehen? Spüren sie sie überhaupt? Haben sie ein ganz anderes Selbstverständnis? Sind ihre Gehirne also bereits anders verdrahtet als die ihrer Eltern?

Die elektronische Nabelschnur, die jede neu heranwachsende Generation von Kindern mit dem Computer verbinden wird, ist die Maus. Sie hat die Verständigung zwischen Menschen und Computern revolutioniert, und die Geschichte der Technik kennt keinen zweiten Fall, wo der Gebrauch einer neuen Technologie auf das *Zeigen* zurückgeführt werden konnte – einer menschlichen Urgeste, die vor aller Sprache existierte. Seit der Erfindung der Maus gilt für die Entwicklung der Computer, in den Worten George Dysons, nur noch ein darwinistisches Gesetz: »Die natürliche Auslese begünstigt jetzt auf Gedeih und Verderb Maschinen, die besser mit Kindern kommunizieren können, und Kinder, die besser mit Maschinen kommunizieren können.«[11]

Es ein Mythos, dass sich hinter den Plagen mit dem digitalen Lebensstil ein Generationenkonflikt verbirgt. Teenager, Erwachsene, Senioren: Wir sitzen alle im gleichen Boot.

Und es ist falsch, jeden unter 25 für ein Computer-Genie zu halten. Die Erfolgsrate bei Teenagern, die von einer Website ein Programm installieren sollten, liegt beispielsweise bei fünfundfünfzig Prozent; zehn Prozent niedriger als bei Erwachsenen.

Eine Nielsen-Studie aus dem Jahr 2005 nannte dafür drei Gründe: ungenügende Lesefähigkeit, ungeschickte Suchstrategien und vor allem eine dramatisch geringe Geduldsspanne bei den jungen Menschen.

Dass wir junge Leute mit Computer-Intelligenz assoziieren, hat mit einer optischen Täuschung zu. Die meisten Leute, die Websites betreuen oder erfolgreiche Blogs schreiben, befinden sich an der Spitze des technologischen Fortschritts. Sie sind »Early Adopters«, frühe Anwender. Diese Leute sind laut der Nielsen-Studie gut ausgebildet, sehr intelligent und verbringen viel Zeit online: »Diese Teenager kennen meist nur andere Teenager, die ihr Interesse teilen. Aber diese oberen 5 Prozent sind nicht repräsentativ für die Masse.«[12]

Kurzum: Wir sind tatsächlich alle betroffen. Wir alle haben zunehmende Probleme, ein Buch zu lesen. Und die Bücher sind nur ein Indiz. »Ich ahne, dass es um viel mehr geht«, schreibt die Internet-Literaturkritikerin Lara Killian, »passen sich unsere Gehirne an, oder sind wir im Begriff, wesentliche kognitive Fähigkeiten zu verlieren?«[13] Diese Unfähigkeit ist nicht, wie häufig angenommen, eine Frage des Alters und keine Sache der »digital natives« (derjenigen, die keine Welt ohne Internet und Handy kennen), und ich kann Sie beruhigen: Wir brauchen gar nicht erst die alte Platte von der neuen Dummheit der nachfolgenden Generationen aufzulegen.

Auch die Zeitspannen, die Jugendliche angeblich mit den digitalen Medien verbringen, werden von Erwachsenen locker überrundet. Vergleicht man den Computerspiel-Konsum eines durchschnittlichen Jugendlichen mit der Zeit, die ein Manager täglich an den Tasten seines Blackberry herumspielt, um nach aktuellen Nachrichten zu suchen, wird man auf vergleichbare Zeiten stoßen.

2009 berichtet der Internet-Star Bob Cringely von Freunden, deren sechzehnjährige Tochter namens Echo in einem Monat 14 000 SMS entweder empfangen oder versendet hat, was bei ihren Eltern kein Kopfzerbrechen über die finanziellen Kosten – Echo hat einen guten Tarif –, sondern über die Zeit-Kosten auslöste.

Cringely: »Wenn ein typischer Monat 30 Tage hat, also 720 Stunden, von denen wir annehmen können, dass Echo davon ein Drittel schläft, hat sie 480 Stunden zum SMSen pro Monat. 14 000 SMSe (eigentlich waren es mehr, aber wir runden es der Einfachheit halber ab) geteilt durch 480 Stunden entsprechen 29 SMSe pro Stunde oder eine SMS alle zwei Minuten.«[14]

Das ist aber noch nicht alles. Echo muss die SMS nicht nur lesen, sie muss sie auch beantworten, wobei sie für das Schreiben ungefähr doppelt so lange braucht wie für das Lesen. »Der durchschnittliche Teenager braucht ungefähr 20 Sekunden zum

Tippen, was bedeutet, dass Echo ungefähr ein Drittel ihres wachen Daseins mit simsen verbringt.«

Das klingt ungeheuerlich. Dramatisch. Ausufernd. Nach Sucht – auch in meinen Ohren. Jedoch: Wie ein Selbstversuch mit Stoppuhr zeigt, könnte ich mit Echo mithalten.

Die einzigen Revolutionäre auf unserem Planeten sind offenbar kleine Kinder. Sie begehren systematisch gegen die Technik-Fixiertheit ihrer Eltern auf, wie die Journalistin Katherine Rosman im »Wall Street Journal« nach Interviews mit vier- bis siebenjährigen Mädchen und Jungen berichtete. Sie spüren, dass die Computer die Aufmerksamkeit ihrer Eltern fressen und nichts mehr für sie übrig bleibt. Allerdings nur, solange ihre natürlichen Instinkte noch wach sind.

Fünfjährige verstecken Blackberrys oder spülen sie die Toilette hinunter, damit ihre Eltern mit ihnen reden. Sie verordnen E-Mail-freie Zonen und ertappen ihre Eltern dabei, wie sie unter dem Tisch heimlich E-Mails abschicken.

»Meine Mutter hat eine kurze Aufmerksamkeitsspanne«, erzählt auch die vierzehnjährige Emma, deren Mutter bei den Prüfungsvorbereitungen ihrer Tochter für die High School statt sie abzuhören »Solitaire« spielte.

Selbst Ältere missbilligen es also, wenn die Kommunikation durch den Computer gesteuert wird, besonders da, wo es ihnen am wichtigsten ist – in der Familie. Die siebzehnjährige Christina Huffington, Tochter der Mitbegründerin der »Huffington-Post« Arianna Huffington, berichtete, dass ihre Mutter immer, selbst während der »Hinabschauender-Hund«-Stellung beim Yoga, den Blackberry benutze: »Ich hatte den Eindruck, dass sie mir niemals zuhört«, so die Tochter, die daraufhin einen Familientherapeuten einschaltete. Woraufhin ihre Mutter ihr einen Blackberry schenkte, damit sie beide besser miteinander kommunizieren konnten.[15]

UNSER DENKAPPARAT VERWANDELT SICH

Wir brauchen kein Tipp-Ex mehr, und die 10 Meter Bücher, die statistisch jeder einzelne Mensch der Welt pro Jahr an gespeicherten Daten produziert, benötigen keinen Regalplatz. Worüber beschweren wir uns also? Information ist kostenlos. Wir sollten uns freuen. Sie kann unendlich oft kopiert und verbreitet werden, und auch das kostet nichts. Aber dass Information gratis ist, heißt nicht, dass wir keinen hohen Preis für sie bezahlen. Information kostet Aufmerksamkeit, wie der Nobelpreisträger Herbert Simon schon 1972 feststellte, und eine Flut an Informationen kann buchstäblich zu einer Armutswelle an Aufmerksamkeit führen.[16]

Durch die Vielzahl der neuen Medien und durch die Fülle an Informationen, die sie digital versenden, hat bei vielen von uns erstaunlicherweise ein Umbau des Denk- und Erinnerungsapparats eingesetzt. Hirnforscher haben gezeigt, dass sich die neuronalen Verschaltungen in unserem Gehirn verändern, ohne genau sagen zu können, ob noch die Glühbirne am Ende des Stromkreises angeht oder schon die Müllpresse.[17] Die neue Architektur verändert auch das Ich, das in ihr wohnt – in einem Tempo, das Evolutionsforscher, milde ausgedrückt, in Erstaunen versetzt. Etliche Hinweise sprechen dafür, dass sich auch unsere geistige Architektur zu verändern beginnt. Es ist eine Verwandlung, wie die von Kafkas Held Gregor Samsa, der eines Morgens erwacht und feststellen muss, dass er über Nacht ein Käfer geworden ist.

Und wenn Sie jetzt meinen, dass das ein abgedroschenes Bild ist, werden Sie später erfahren, dass dieses Bild genau beschreibt, was passiert. Es ist tatsächlich wie bei Kafka: Hinter unserer Verwandlung stecken keine bösen Mächte, niemand sitzt bei Google oder im Silicon Valley, um den Menschen das Denken, Lesen und das Erinnern abzugewöhnen. Im Gegenteil: Es waren die Protagonisten der neuen Technologien, allen voran der Computer-Pionier Joseph Weizenbaum, die als Erste vor dem kognitiven Wandel gewarnt haben, mit dem wir es nunmehr zu tun haben.

Viele von uns registrieren zwar eine Veränderung ihres Denkapparats, aber das scheint sie bisher nicht besonders zu beunruhigen. Irgendwo, so meinen wir, steht schon ein Rechner, der aufzeichnet, was wir vergessen haben, uns daran erinnert, was wir zu tun haben, und uns alarmiert, wenn wir einen Fehler gemacht haben.

Das ist, mit einem Lieblingswort der Epoche, ein »systemischer Irrtum«. In seinem Zellkern steckt das, worum es in diesem Buch vor allem geht: unser Wahn, aus Angst vor Kontrollverlust die Welt in Formeln, Systematiken und Algorithmen, kurzum in Mathematik zu verwandeln. Wir werden immer unfähiger, mit Unsicherheiten und Unwahrscheinlichkeiten umzugehen, und sei es mit der Unsicherheit, welche Information sich hinter der SMS verbirgt, die gerade aufgeleuchtet ist. Wir sind in ständiger Alarmbereitschaft.

Ein Alarm, der dauernd angeht, ist keine Information, sondern eine Ruhestörung.

Als man noch Briefe bekam, konnte man sie zur Not nach Tagen beantworten, manchmal gingen sie auch hilfreicherweise verloren. Mittlerweile aber versteckt sich hinter fast jedem akustischen Informationssignal in unserem Alltag ein tatsächlicher, uns jederzeit umgebender menschlicher Kontakt und erzeugt einen Sozialstress, wie man ihn vorher nur von beleidigten Tanten und Onkeln kannte, für deren Ansichtskarte vom Bodensee man sich nicht bedankt hatte. Jeder weiß, dass E-Mails, auf die man nicht innerhalb von 48 Stunden reagiert hat, niemals beantwortet werden. Selbst wenn man sich entschließt, den Alarm zu ignorieren, ist die Galgenfrist nur kurz, bei SMS beträgt sie wenige Stunden, bei »Instant Messaging Services« Minuten. Die Ingenieure dieser Signale aber haben verstanden und basteln bereits an einer Lösung. »Kein Problem«, sagt Mary Czerwinski, die Arbeitsplatzbeauftragte von Microsoft, »der Computer wird eines Tages verstehen, welche Nachricht wichtig ist und welche warten kann.«[18]

Die Frage ist nur, ob wir selbst überhaupt noch imstande sind, zu unterscheiden, was wichtig ist und was unwichtig? Wie nicht anders zu erwarten, antworten die Experten auch auf diese Frage wieder mit einer technischen Betriebsanleitung. Die Rechner, sagen sie, werden nicht nur die Nachrichten, sondern auch deren Empfänger, also uns, immer besser verstehen.

Nicht wir haben demnach ein Problem, sondern unsere Geräte.

Ich glaube nicht, dass das stimmt. Ich glaube, dass *wir* ein ziemlich ernstes Problem haben. »Es könnte sein«, schreibt Daniel Dennett, der ein optimistischer Vordenker der Informations-Technologien war, »dass wir ertrinken …, dass wir seelisch überwältigt werden, dass wir uns nicht den großen bösen Manipulationen unterwerfen, sondern nichts anderem als irgendwelchen unwiderstehlichen Liedchen, Signalen und Einzeilern«.[19]

GOOGLELOS

Ich gehöre zu den (offensichtlich zahlreichen) Leuten, bei denen Google seit rund einer Stunde nicht erreichbar ist. Und wenn ich »Google« sage, meine ich nicht nur die Suchmaschine, bei der ich im Fall ihrer Nicht-Erreichbarkeit nach Ersatz-Suchmaschinen suchen würde. Ich meine auch den Feedreader meiner Wahl. Und, vor allem: das Mailprogramm meiner Wahl.
Gut, ich wusste immer schon, dass ich von Google abhängiger bin, als gut sein kann. Aber ich hatte immer gedacht, das würde sich in einer Form rächen, dass meine Mails oder die systematische Auswertung meiner Suchanfragen der letzten zehn Jahre an den Meistbietenden versteigert würden. Nicht, dass Google mich einfach eines Tages ausschließen würde.
Das Gefühl ist schlimm. So kündigt sich in unseren Zeiten die Apokalypse an: »Google ist down.« Der Anfang vom Ende. Beunruhigende Gedanken: ... soeben ist nun auch in den südlichen Server ein Flugzeug gestürzt ...
Dazu die Unfähigkeit, die Tatsache zu akzeptieren, den Computer auszumachen und, sagen wir, das Eisfach abzutauen. Nein. F5. Geht es, wenn ich google.fr eingebe? Nix. Google News? Nix. Google Reader? Nix. Hängt YouTube auch? YouTube hängt auch. Sogar die Google-Ads werden nicht angezeigt. Noch mal nach was suchen. F5. Escape. F5. Ins Postfach gucken. Geht nicht. Jetzt? Jetzt? Jetzt? Jetzt? Jetzt?
Jetzt?
Nachtrag, 17.31 Uhr: Jetzt.
– 6. März 2008, 17:09 – 105 Kommentare
Stefan Niggemeier

Im Dezember 2005 erschreckte das amerikanische Bildungsministerium die Öffentlichkeit durch den Befund, dass die Zahl der College-Absolventen, die komplexere Texte interpretieren können, in den letzten vierzehn Jahren um zehn Prozent gesunken sei. Das Beunruhigendste daran, erklärte der Beauftragte für Bildungsstatistik, sei, »dass die Untersuchung nicht prüft, ob Sie Proust verstehen, sondern ob Sie Etiketten lesen können«.[20]

Ende 2007 schloss sich die »National Endowment for Arts« in den Vereinigten Staaten an, die die bislang vollständigste und gründlichste Untersuchung zum Thema »Neues Lesen« vorlegte. Sie trägt den Titel »Lesen oder Nicht-Lesen – eine Frage von nationaler Bedeutung« und stellt fest: »Am alarmierendsten ist, dass sowohl das Lesen wie die *Bereitschaft* zum Lesen sogar unter College-Absolventen massiv zurückgegangen ist.«[21]

Die Autoren dieser Studie – übrigens alles andere als Feinde der neuen Technologien und des Internets – zeigten außerdem, welche Folgen der Verlust an Lesekonzentration für die ökonomischen und sozialen Aufstiegschancen hat – nämlich verheerende. Dieser beklemmende Befund wurde nur noch durch die Erkenntnis in den Schatten gestellt, dass eine schnell wachsende Zahl von Kindern und Erwachsenen nicht mehr nur nicht lesen wollen, sondern nicht mehr systematisch lesen *können*.

Die Studie erbrachte den Beweis für die Veränderung unserer aller Gehirne. Und für die bemerkenswerte Geschwindigkeit, in der die digital entwickeltste Gesellschaft der Welt verlernt, komplexe Texte zu erfassen.

Dieser Schwund der Lesefähigkeit, von dem wir heute ausgehen müssen, bedeutet nicht, dass überhaupt nicht mehr gelesen wird. Aber Menschen, die Bücher und gedruckte Texte aus Freude lesen – so befürchtet etwa der junge amerikanische Schriftsteller Caleb Crain im »New Yorker«[22] –, werden in naher

Zukunft so selten werden wie die Sammler von Zinnsoldaten. Und auch Caleb Crain bekennt offen seine Aufmerksamkeitsstörung: »Ich glaube, ich suche im Internet Informationen, hinter denen irgendein sozialer Kontakt steht. Aber meine Sehnsucht wird nie erfüllt. Trotzdem suche und suche ich, wenn ich online bin, ohne wirklich zu wissen, wonach ich suche. Es ist, als ob ich an einem Mückenstich kratze, der durch das Kratzen nur noch schlimmer wird.«[23]

Vielleicht registrieren Menschen, die von Berufs wegen mit der Gutenberg-Welt zu tun haben und die Veränderungen beim Akt des Lesens hautnah erfahren, solche Entwicklungen eher und schmerzvoller als beispielsweise die Statistiker und Informatiker.

Doch wir können der Tatsache nicht mehr aus dem Wege gehen, dass heute alle Bereiche unserer Gesellschaft, die Wissen unterrichten, produzieren, drucken und verbreiten – die Schulen, die Universitäten, Medien und Verlage –, in einer Krise sind.

Unsere Lage hat, damit kein Missverständnis entsteht, nichts damit zu tun, ob einer gut in Mathe war oder Heines Lyrik versteht. Es handelt sich vielmehr darum, den Dingen nicht mehr gewachsen zu sein. Und nichts ist dafür kennzeichnender als die hilflosen gesellschaftlichen Debatten um Pisa, Bologna, Bildung und lebenslanges Lernen. Unser gesamtes Bildungswesen ist instabil geworden, und in ihrer Hilflosigkeit suchen die für die Vermittlung von Wissen Verantwortlichen in »Zertifizierungen« ihren Ausweg, feste Normen also für jeden Professor und Studenten, so, als handele es sich bei ihnen um Komponenten-Zulieferer für Computer-Hardware.

Es gibt auf die Krise nicht die naheliegende Antwort, dass Google oder das Internet uns dumm machen. Darin steckt eine enorme Unterschätzung der revolutionären Kraft, die diese Systeme erst ansatzweise entfaltet haben. Nach fünfzig Jahren Fernsehen können wir immerhin noch die Frage stellen, ob Fernsehen uns verblödet. Nach fünfzig Jahren Internet könnte es sein, dass wir die Frage nicht mehr verstehen, nicht, weil wir dumm, sondern weil wir zu anderen Intelligenzen geworden sind. Objektiv stößt die alte Medienkritik hier an ihre Grenzen: Selbst die schlechtesten Texte im Internet haben vermutlich nicht die gleiche verheerende Wirkung wie der Trash im Privatfernsehen oder visuelle Streams im Netz. Wenn es um die Verkrüppelung geistiger und emotionaler Fähigkeit geht, dann bleibt das Billig-Fernsehen bis auf Weiteres ungeschlagener Spitzenreiter.

Auch Caleb Crain spricht nicht von einer Deformation. Er spricht, wie fast alle, die sich das Bombardement durch die digitalen Signale bewusst machen, von einer Verwandlung. Der Käfer, der einst Gregor Samsa war, ist keine Deformation. Er ist an die Stelle des bisherigen Ichs getreten. Er ist ein Wesen, das sich plötzlich mit acht Füßen, einem dicken Panzer und einer Antenne durch die Welt bewegen muss. »Lesen«, sagt Caleb, verändert den Geist, »aber hier verändert etwas den ganzen Körper«.

Was passiert eigentlich beim Lesen, und was tut es für die Entwicklung von Menschen?

Lesen ist nicht nur ein technischer Akt und nicht nur ein geistiger Prozess, sondern gewissermaßen ein Bauauftrag ans Hirn. Die Hirnforschung hat gezeigt, wie Regionen des Hirns, die eigentlich für ganz andere Aufgaben gedacht sind – zum Beispiel Sehen, das Hören oder auch der Geruchssinn –, im Laufe des Heranwachsens des jungen Lesers sich neu miteinander verbinden.

Das Hirn wächst dabei gewissermaßen über sich selbst hinaus. Und jeder, der Lesen gelernt hat, erinnert sich daran, wie die Lektüre, nachdem man erst an jedem Buchstaben festklebte, schrittweise nicht nur immer intuitiver wurde, sondern wie sich plötzlich auch Raum für die eigene Fantasie und das eigene Ich-Gefühl eröffnen.

»Das Geheimnis im Herz des Lesens«, schreibt Maryanne Wolf, die Verfasserin des maßstabsetzenden Standardwerks zur Biologie des Lesens, »ist die Zeit, mit dem es dem Gehirn die Freiheit gibt, Gedanken zu haben, die tiefer sind als die Gedanken, die ihm bisher gekommen sind.«[24]

Diese gewonnene Zeit ist keine bloße Poesie, die sich eine leidenschaftliche Leserin erdichtet. In unserem Hirn befinden sich »Verzögerungs-Neuronen«, deren einzige Aufgabe es ist, »die neuronale Übertragung durch andere Neuronen um Millisekunden zu verschleppen. Das sind die nicht zu berechnenden Millisekunden, die in unserem Bewusstsein Linearität und Ordnung schaffen.«[25]

Es ist, mit anderen Worten, die kleine Verzögerung, die unser lineares Denken steuert und uns befähigt, ein Buch zu lesen. Die Verzögerung schafft Überblick und Nachdenklichkeit, sie ist gewissermaßen Papier und nicht Bildschirm, und sie ist so ziemlich das Gegenteil von dem, was wir gegenwärtig erleben. Nicht, weil die Gedanken verlöschen. Es gibt mehr davon als je zuvor. Sondern weil dieser winzige, unscheinbare Verzögerungsschalter in einer Welt der totalen Gleichzeitigkeit überfordert, durchbrennt wie eine Sicherung.

»Das ausgebildete Hirn eines Lesers«, sagt Wolf, »hat buchstäblich mehr Zeit zum Denken.« Zeit aber ist es, die die Informationstechnologien mit ihrem »je-schneller-je-mehr-je-besser« uns nimmt. In der unmittelbar bevorstehenden Ära des »Echtzeit-Internets« werden wir sie gar nicht mehr haben.

WARUM DER ARZT NICHT HELFEN KANN

Es ist also schwieriger geworden, ein Buch zu lesen, weil unser Gehirn sich unter dem Druck digitaler Informationsfluten umzubauen beginnt. Millionen von Spezialisten, unzählige Nervenzellen, die die mühsame Technik erlernt haben, sich einarbeiteten, Fehler berichtigten, Sensorien des Sehens, Hörens, Riechens und Schmeckens miteinander vernetzten, neue Straßen in die Gedächtniszentren bauten, um die Kulturtechnik Lektüre möglich zu machen, scheinen in heller Aufregung zu sein. Jedenfalls sind die Veränderungen des Lesens nur ein Anfang.

Wieso fällt es uns auch zunehmend schwerer, einem Gespräch zu folgen oder eine Nachricht zu ignorieren? Wieso wächst bei der Mehrzahl der Bewohner der westlichen Welt das Gefühl, keine Kontrolle mehr über ihr Leben, ihre Zeit, ihren Alltag zu haben? Was genau geschieht mit unserem Gehirn, unserer Auffassungsgabe, unserer Konzentration? Und wie kann man es schaffen, im Netz und in seinem eigenen Kopf zu Hause zu sein?

Woher kommt das Gefühl, ständigen Anweisungen unterworfen zu sein? Wieso führt die Effizienzsteigerung zu keinen Verbesserungen? Wieso spürt man immer häufiger, dass der *Befehl,* das Schlüsselelement aller Programmiersprachen, direkt auf uns selbst zielt? Wieso haben die Dinge kein Ende mehr, weder Texte noch Informationen, aber auch nicht der Tag und das Jahr?

Wer vergesslich ist, geht zum Arzt, aber im Fall von Konzentrationsstörungen wäre davon abzuraten. Die Ärzte sind womöglich schlimmer dran als wir.

Gerd Gigerenzer, Chef des Max-Planck-Instituts für Bildungsforschung in Berlin und einer der brillantesten Lehrer des Selbst-Denkens in einem auf Fremd-Denken getrimmten Bildungssystem, hat in einer Studie gezeigt, dass selbst viele Wissenschaftler verlernt haben, die von ihren Computern erstellte Statistiken richtig zu lesen – etwa bei der Auswertung bildgebender Verfahren und bei medizinischen Fundamentalfragen wie der Krebsvorsorge. Zwanzig Prozent Risikominderung durch Brustkrebsvorsorge heißt nicht, wie selbst viele Ärzte glauben, dass zwanzig von hundert Frauen gerettet werden können. Es heißt nur, dass von tausend Frauen, die sich *keinem* Screening unterziehen, fünf sterben, und von tausend Frauen, die eines machen, vier sterben werden. Der Unterschied von vier zu fünf ergibt die zwanzig Prozent.[26]

Natürlich stecken in vielen solcher Statistiken auch Manipulationen der Pharma-Industrie, denn sie eignen sich wunderbar, um die Wirksamkeit von Medikamenten zu übertreiben und mit den Ängsten und Hoffnungen der Patienten zu spielen. Aber das erklärt nicht, wieso sie so lange Zeit niemandem auffielen. Während schon ein falsches Komma in einer Webadresse zur Meldung »Page not found« führt, führt es bei den medizinischen Statistiken zu ganzen Bibliotheken von falschen Heilsversprechen.

»Es gibt keine einzige Informationsquelle, die korrekte Informationen liefert«, sagt Gigerenzer zu den Brustkrebsstatistiken.[27] Das Gleiche gilt für eine Unzahl anderer medizinischer Statistiken.

Ausgerechnet das viel gepriesene Multitasking, so berichten Professoren der »Harvard Medical School«, habe dazu geführt, dass immer häufiger Textbausteine von einer Krankenakte in die nächste wanderten, Ärzte und Krankenschwestern übernehmen unter Zeitdruck vollständige Krankengeschichten und die Beschreibung der akuten Krankheit von anderen Patienten mit gleichen Beschwerden und kopieren sie ohne Prüfung in die neue Akte, noch ehe der Patient überhaupt in der Klinik erschienen ist.

Professoren fanden Diagnosen, die sie für ganz andere Patienten mit ähnlichem Krankheitsbild erstellt hatten, in anderen Krankenakten wortgenau wieder, eine Form des, wie die Harvard-Wissenschaftler schreiben, medizinischen Plagiats, das lebensgefährlich werden kann, weil in der Kette des Multitasking und der sich stets erneut kopierenden Kopien niemand mehr eigene Schlüsse zieht oder vorhandene Diagnosen auch nur überprüft. Es ist eine Kommunikation, in der Absender und Empfänger Maschinen sind.

Der Chefarzt einer Herzklinik in Kansas berichtet in der gleichen Studie, dass er mittlerweile gezwungen ist, jeden Tag die wirklich wichtigen Entwicklungen seiner Patienten vom Computer auf Karteikarten umzuschreiben, um sich die Abweichungen überhaupt bewusst machen zu können. Denn weil sich in den elektronischen Krankenberichten bedeutungslose Aussagen durch endloses *copy and paste* ewig wiederholen, entsteht bei den behandelnden Ärzten ein Aufmerksamkeitsdefizit. Sie denken über die Diagnose nicht mehr nach, sondern kopieren sie auch mental. Es ist wie bei »Wo ist die Maus?«, sagt die Studie nach ausgiebiger Befragung der Ärzte: Die Computerakte wird zum Wimmelbild, in der man die wichtigen Informationen mit großer Mühe suchen muss.

Die Autoren der Studie im renommierten »New England Journal of Medicine« sehen sich sogar dazu veranlasst zu betonen, dass sie keine Verrückten sind, die aus Prinzip gegen den

Computer opponieren. Umso wirkungsvoller, was sie mit Blick auf den Computergebrauch feststellen: »Kommentare und Diagnosen, die konzentriert und trennscharf sein sollten, werden aufgebläht und schablonenhaft und führen dazu, dass sich die Aufmerksamkeit von der eigentlichen geistigen Aufgabe vollständig verabschiedet. Wir müssen es schaffen, dass die Technologie für uns arbeitet, statt dass wir für sie arbeiten.«[28]

Dieses mathematische und diagnostische Analphabetentum selbst bei Experten und zudem in einem Zeitalter, wo die gesamte Kommunikation auf den statistischen Verfahren von Computern beruht, ist vielleicht noch nicht einmal Zeichen einer Rückwärtsentwicklung. Die Fähigkeit, Statistiken zu lesen, bemerken die Autoren der letztgenannten Studie, war nie besonders entwickelt. Es ist eher eine Seitwärtsentwicklung: Wir sammeln heute unendliche Informationen. Aber sie führen uns nirgendwo mehr hin.

Falsche Informationen und Diagnosen vererben sich also selbst in so entscheidenden Dokumenten wie Krankenakten wie eine Mutation bei einer fehlerhaften DNA von einem Dokument zum nächsten, ohne dass sie bemerkt werden, weil kein menschliches Hirn die ewigen Ketten der Kopien prüft. Und selbst wenn es sie prüft, die Fehler womöglich gar nicht mehr erkennt.

Das zeigte sich bereits 2005 auf eher komische Weise, als eine Gruppe von Studenten den von ihnen sogenannten SCIgen-Forschungsgenerator programmierte. Die Software ist in der Lage, beliebige, angeblich computerwissenschaftliche Texte selbstständig zu generieren. Natürlich sind es letztlich völlig sinnlose Aufsätze, die mit einer Vielzahl mathematischer Formeln und durch ihren Gebrauch wissenschaftlicher Begriffe allerdings logisch und irgendwie plausibel klingen. Jedenfalls wurden mehrere dieser Nonsens-Texte von wissenschaftlichen Zeitschriften zur Veröffentlichung angenommen und auf Kongressen vorgetragen.[29]

Die neuen Technologien verfügen über Möglichkeiten kollektiver, von Menschen ausgeführter Korrekturen, und Wikipedia ist dafür in vielen Fällen ein glänzendes Beispiel. Aber diese Möglichkeit der Korrektur ist auch der Grund, warum Menschen sich immer häufiger damit beruhigen, dass jedem Fehler sofort widersprochen wird. Aber nicht nur sind Krankenakten kein Wikipedia-Eintrag, sondern schon bei den fundamentalsten Textkorrekturen produziert das Vertrauen in die Computer erstaunliche Fehler. Journalisten wissen, dass in vielen Zeitungen versucht wurde, die Artikel vollständig von Maschinen korrigieren zu lassen. Es gibt zwei häufige Arten von Wortfehlern. Bei der einen Art entsteht ein Wort, das nicht existiert, Sanne statt Sonne, Mont statt Mond. Menschen können solche Fehler mit neunzigprozentiger Zuverlässigkeit erkennen, Computer sind zu hundert Prozent zuverlässig. Anders sieht es bei Wortfehlern aus, die wirklich etwas bedeuten: Sahne statt Sonne oder Mund statt Mond. Solche Fehler werden, wie Ray Panko von der Universität Hawaii errechnet hat, von Menschen zu 75 Prozent erkannt, von Maschinen überhaupt nicht.

Das heißt, so Panko, »Korrekturprogramme finden genau die Fehler nicht, die auch Menschen nur mühsam finden«.[30] Bei sinnlosen Sätzen, in denen der Mund auf- und die Sahne untergeht, wird selbst in der gedankenlos kopierten Information die Wahrscheinlichkeit sehr groß sein, dass der Nonsens jemandem auffällt. Das ist bei komplexeren Systemen schon sehr viel fraglicher, und bei hochkomplexen, wie die Bankenkrise zeigte, fast unmöglich. Abgesehen von simplen Programmierfehlern in Tabellenprogrammen, die zuweilen einen Unterschied von mehreren Millionen ausmachten, liegt ein Hauptgrund in der kognitiven Überforderung auf der menschlichen Seite. Durch falsche Eingaben potenzieren sich Fehler, die das Programm selbst nicht erkennen kann und die der Mensch übersieht oder nicht mehr begreift – zu den dokumentierten Fällen zählen Fehlschätzungen, die einen Unterschied von mehreren Hundert Millionen Dollar ausmachten.[31]

Auch die Finanzkrise hat gezeigt, dass die entscheidenden Fehler im System nicht erkannt werden. Denn mit den Informationen, die der technische Apparat speichert, wächst das Vergessen unserer biologischen Gedächtniszentren. Aufmerksamkeitsverlust und Blackouts kennt mittlerweile jeder. Die nächste Verschärfungsstufe ist der Erinnerungsverlust.

John von Neumanns erster Computer, mit dem in gewisser Weise die Geschichte der modernen Rechner beginnt, hatte in den fünfziger Jahren ein Gedächtnis von 5 Kilobyte. Die Entwicklung der Computer seither war immer eine Geschichte neuer Prozessorgeschwindigkeiten und neuer Speicherrekorde, die Evolution eines immer besser werdenden Gedächtnisses.

Der Intel-Chef Gordon Moore hatte 1965 die berühmte These aufgestellt, dass sich die Geschwindigkeit der Computer mit jeder neuen Version integrierter Schaltkreise verdoppelt. Mit unausweichlichen Konsequenzen für den Benutzer: Man kaufte sich ein neues Gerät, weil neue Software neue Leistung benötigte, und während man mit immer besseren Wortverarbeitungsprogrammen, Internetapplikationen und Computerspielen beschäftigt war, warteten bis in die späten neunziger Jahre Informatiker und Cyberpropheten darauf, dass irgendwann die Maschinen die Schallmauer zur menschlichen Intelligenz durchstoßen würden.

Stattdessen geschieht seit dem Triumph des von menschlicher Intelligenz gespeisten Internets etwas Unerwartetes: Plötzlich geht es nicht mehr um die Aufrüstung der Computer, sondern um die Aufrüstung des Menschen, nicht um die Mikroprozessoren, sondern um das Gehirn, nicht um die Speicher, sondern um die Erinnerung. Es geht nicht darum, ob die Computer-Intelligenz menschlicher, sondern ob die menschliche Intelligenz synthetischer werden würde. Und es geht darum, ob es ein Moore'sches Gesetz gibt, das berechnet, um wie viel langsamer das menschliche Auffassungs- und Denkvermögen mit jeder weiteren technischen Revolution wird.

Es ist noch unklar, ob sich dahinter eine der nächsten großen Kränkungen des Menschen verbirgt oder nur die Kränkung unserer Generation, die schlichtweg überfordert ist. Jedenfalls wimmelt es seither überall von Sudoku, Gehirnjogging-Trainern und Neurotests, die Hirnforschung findet bereits in der Yellow Press statt, es gibt Reiseführer fürs Gehirn und Gebrauchsanleitungen, Publikationen zur Gedächtnis- und allgemeinen kognitiven Leistungssteigerung stürmen die Bestsellerlisten, und es entstehen ganze Wissenschaftszweige, die sich mit der Zerstreutheit wie mit einer Krankheit befassen, während gleichzeitig eine ganze kulturkritische Industrie die Verdummung der Gesellschaft durch die Massenmedien beklagt.

Wann immer eine neue Technologie – Fernsehen, Kino, Radio oder der Telegraf – geboren wurde, standen die Klageweiber an der Wiege und beweinten den absehbaren Tod von Vernunft und Gefühl. Wir haben diese neuen Technologien nicht nur alle überlebt, sondern sind, statistisch gesehen, über die Jahre immer noch klüger geworden.[32]

Aber jetzt ist die Lage eine ganz andere. Die modernen Technologien, die im Internet kulminieren, sind nicht einfach nur Anbauten in unserem schönen Haus, nicht einfach nur »neue Medien«. Und die pädagogische Ermahnung der sechziger Jahre »Schau nicht so viel Fernsehen!« kann man auf diese Technologien nicht anwenden. Sie sind inzwischen Einwohnermeldeamt und Telefonauskunft, sie werden bald beurkundete Dokumente versenden dürfen und zu Kommunikationsplattformen zwischen Staat und Bürger werden. Sie werden zu Bestandteilen staatlicher Bürokratie. Wir sind bereits irreversibel abhängig von ihnen.

Das Internet – und mittlerweile auch das Handy – vereinen jede heute existierende Form technischer Kommunikation in einem einzigen Gerät: Über Schrift und Ton bis Bild und Video können sie alles verbreiten und empfangen, sie können mittlerweile zuhören und vorlesen, übersetzen, Gesichter, Gebärden, Pupillen, und, wie wir noch sehen werden, Gedanken lesen. Auch ihre ökonomischen Eigenschaften sind einzigartig. Sie reduzieren die Kosten für alle anderen Medien auf ein absolutes Minimum, nicht nur für Schrift und Sprache, auch für Radio, Funk und Fernsehen. Damit schaffen sie überhaupt erst die Voraussetzung, dass man mit ihnen nicht nur konsumieren, sondern sich in ihnen auch ausdrücken will. Kein Mensch hätte sich vor zehn Jahren ein eigenes Fernsehstudio leisten können, um zum Beispiel die neuesten Kunststücke seines Dackels zu präsentieren, wie es heute tausendfach geschieht.

Doch indem wir uns in und mit ihnen ausdrücken, treten wir, wie geschickt die Softwareingenieure dies auch verbergen wollen, fast immer, wenn wir glauben, mit Menschen zu kommunizieren, in Wahrheit in Wettbewerb mit den Maschinen. Niemals zuvor wären wir auf den Gedanken gekommen, mit einem Fernsehgerät in Wettbewerb um Intelligenz zu treten, niemals hätte es uns Instruktionen gegeben und Befehle ausgeführt, niemals hätten Filme oder Fernseher ohne Zutun des Menschen miteinander kommuniziert, um zu Ergebnissen zu kommen, deren Zustandekommen der Mensch nicht mehr verstehen kann, die er aber für sein Weiterbestehen benötigt. Das alles aber tun Softwareprogramme.

Kein Radio, kein Telegraf hätte mit uns kooperiert, und von keiner dieser Technologien hätte man behaupten können, dass sie wesentliche Vorgänge des menschlichen Denkens imitieren und perfektionieren. Und natürlich hat es auch niemals einen komplexen Verkehr in beiden Richtungen, vom Menschen zur Maschine und umgekehrt, gegeben. Wir sitzen uns gegenüber und gehen ineinander auf.

Eine amerikanische Anzeige für ein Gesundheits-Netzwerk wirbt für ihre Software mit der Schlagzeile: »*Medizin, die nicht vergisst*.« Sie zeigt einen Landarzt mit einer schwarzen Arzttasche und den Slogan: »Wissen Sie noch, wie es war, als Ärzte alles über ihre Patienten wussten, und alles, was sie brauchten, in ihrer kleinen schwarzen Tasche trugen? Die elektronische Akte ist die kleine schwarze Tasche des modernen Arztes.«

Das »New England Journal of Medicine« bemerkt dazu: »Der Versuch, diese Art der Technologie mit der nostalgischen Erinnerung an den Arzt zu verbinden, der sich viel Zeit für Gespräche nahm, ist ziemlich unpassend. In Wahrheit unterscheidet sich dieses humanistische Abbild extrem von der Wahrnehmung vieler Patienten, die während eines fünfzehnminütigen Arztbesuchs den Doktor auf einen Bildschirm starren sehen. Das ist womöglich der beunruhigendste Effekt der Technologie: Sie verändert Aufmerksamkeit und zieht sie vom Patienten ab. Eine unserer Patientinnen nennt ihren Arzt nur noch ›Doktor Computer‹. ›Er schaut mich nie an‹, sagt sie, ›nur auf den Bildschirm.‹«[33] Das ist, auf höherer Ebene, das, was Christina Huffington erlebte, als ihre Mutter ihr zur Verbesserung der zwischenmenschlichen Aufmerksamkeit den Blackberry schenkte.

Fassen wir zusammen: Auch die Ärzte haben kein Mittel gegen kognitive Störungen. Auch bei ihnen haben die Verdrahtungen zu glühen begonnen. Sie sind nicht verantwortungslos, sondern selbst ein Musterbeispiel für Informationsüberflutung. Sie zählen zu jener Berufsgruppe, die in der Informationsflut fast ertrinkt und »auch noch die Wasserhähne aufdreht«.[34]

Und was raten uns die Neurowissenschaftler, deren Disziplin kaum zufällig in dem Maße an Bedeutung gewonnen hat, wie die kognitiven Störungen des Einzelnen zunahmen?

»Legen Sie ein Nickerchen ein«, »Tempo drosseln«, »Zeitlimits setzen«, »auf ein Abschweifen der Gedanken achten«, »bewusst bei der Sache bleiben«, »eventuell ärztliche Hilfe aufsuchen« und am Ende: »Schalten Sie die Geräte ab«.[35]

Sehr hilfreich sind diese Rezepte bisher nicht, denn mittlerweile sind fast alle von uns auf Computer und ihre Zugänge zur Welt angewiesen. Vom Rechnen bis zum Korrigieren, von der Fähigkeit, Stadtpläne zu lesen bis zum Auswendiglernen von Telefonnummern – die Computer nehmen uns so viel ab, dass wir im Laufe der Zeit in unseren Gehirnen die entsprechenden Abteilungen verkleinert, geschlossen und die Nervenzellen in Vorruhestand geschickt haben.

Wir *können* gar nicht mehr so einfach aussteigen, das Tempo drosseln, ein Nickerchen einlegen. Wenn wir aufwachen, beginnt alles wieder von vorn. Wir bleiben Käfer. Vor allem aber: Unsere Laptops, Handys und Computer, unsere Facebook-Accounts und E-Mail-Postfächer haben unterdessen weitergetickt. Ein Nickerchen halten heißt nur, das Versäumte nachholen zu müssen.

Die Informationstechnologie hat die Welt des Frederick W. Taylor zurückgebracht, jenes legendären Arbeitsoptimierers, der das Leben nach der Stoppuhr erfand und auf den viele der inhumanen Effizienzmethoden der industriellen Arbeitswelt zurückgehen. Prinzipien, die, nach den Worten des Ökonomen Peter Drucker, mindestens ebenso einflussreich waren wie die Theorien von Marx und Freud.[36] Der »digitale Taylorismus«, auf den zuerst die amerikanische Journalistin Maggie Jackson in ihrem lesenswerten Buch über »Zerstreutheit« hinwies, zerstückelt Leben, Zeit, Gedanken, nur dass wir es diesmal mit einer »personalisierten« Variante dieser Ideologie zu tun haben. Die meisten Menschen unterwerfen sich freiwillig den Befehlen der Mikroprozessoren.

Taylor schuf eine Einteilung, die Arbeitsplätze in kleinste, hocheffiziente Einheiten und Umgebungen verwandelte, in denen jede Bewegung, jeder Schritt des Arbeiters auf seine Wirtschaftlichkeit hin geprüft wird. Worum es aber eigentlich ging, war die Verwandlung des menschlichen Körpers, der den Maschinen angepasst werden musste. Diese Verwandlung zielte darauf, die in den Schmieden auf den Äckern grob gebildeten Muskeln feinmotorisch an die kostbaren Maschinen anzupassen, die Finger sensibler zu machen, die Bewegungsabläufe zu synchronisieren.

Also unterteilte Taylor die menschliche Arbeit in immer kleinere, monotone Einheiten, bestrebt, jede Sekunde selbst des privaten Lebens mit der größtmöglichen Effizienz zu nutzen.

»In der Vergangenheit«, so hatte Taylor einmal gesagt, »kam der Mensch zuerst. In der Zukunft muss das System zuerst kommen.«[37]

Auch das Hirn ist ein Muskel, wenngleich ein besonderer. Die Kopfschmerzen, die wir empfinden, die Blackouts, unter denen wir leiden, die Nervosität, die uns umgibt, sind Ergebnisse eines epochalen Selbstversuchs, das menschliche Hirn an die Maschinen anzupassen.

Der Angriffspunkt im Zeitalter des heutigen, digitalen Taylorismus ist unser Gehirn.

WARUM WIR UNS MEHR UND MEHR DEN MASCHINEN ANPASSEN

Das Erste, was Ihr Computer über Menschen lernte, war, dass er Panik verhindern und in bestimmten Grenzen die Befehlsgewalt an sich reißen musste.

Überall, wo Sie mit Rechnern in Kontakt treten, die sich der Organisation und Zusammenarbeit von Menschen und Maschinen widmen – also praktisch überall, vom Textverarbeitungsprogramm bis zum Wahlcomputer –, arbeitet noch immer irgendwo im hintersten Winkel der Software der Ururgroßvater all dieser Programme, die Reste eines Codes namens »Leviathan«, der vor Jahrzehnten im Auftrag der amerikanischen Luftwaffe entwickelt worden ist, um Panik bei einem atomaren Erstschlag der Russen zu verhindern. Das Philosophenehepaar Beatrice und Sidney Rome hatte damit das erste komplexe Mensch-Maschine-Programm überhaupt entwickelt. Es sollte dem Zweck dienen, Menschen in komplexen Entscheidungssituationen Instruktionen zu erteilen. Und da Bruchstücke von Computerprogrammen, die seit Generationen kein Programmierer mehr angeschaut hat, in die jeweils neuesten Systeme kopiert werden, helfen einige jener Daten-Gene von Leviathan, die einst gelernt haben, einen Atomschlag zu managen, uns dabei, mit unserem neuesten Betriebssystem fertig zu werden.

Glücklicherweise musste das Programm der Romes niemals unter Beweis stellen, dass es im Ernstfall wirklich funktioniert. Nach allem, was wir wissen, scheiterte es an der geringen Speicherkapazität der damaligen Rechner. Aber die späteren Abkömmlinge dieses Programms haben, wie der Wissenschaftshistoriker George Dyson in seinem Klassiker »Darwin unter den Maschinen« bemerkt, noch in den meisten der heute existierenden Computersysteme und Netzwerke mächtig zu tun. Und weil sie die Schnittstelle zwischen Menschen und Rechnern markieren, kann es nicht schaden, einmal nachzuschauen, was sie dort eigentlich tun.

Das Ehepaar Rome simulierte in seinem Programm Menschen »unter sozialen Zwängen«, sogenannte »intelligente Agenten«. Jeder dieser »Agenten« hatte einen gewissen Entscheidungsspielraum, und die Art, wie dieser Entscheidungsspielraum genutzt wurde, tauften die Romes »Taylor« – in Erinnerung an den Erfinder der Arbeitsoptimierung.[38] Es war nichts anderes als eine mathematische Funktion, die sterblichen Menschen im Ernstfall ziemlich genau vorschreiben würde, was sie zu tun oder zu lassen hatten.

»Taylor« ist, wenn man so will, die Verkörperung der Intoleranz der Maschinen gegenüber menschlicher Toleranz und menschlichen Schwächen, jedenfalls der erste Versuch, menschliches Verhalten dem Rechner unterzuordnen. »Wir lassen nicht die Arbeiter denken. Wir denken selbst«, sagte der wirkliche Taylor[39], und manchmal scheint es genau das zu sein, was heute unsere Computer sagen: Ihr Menschen seid die Arbeiter, die funktionieren, das Denken übernehmen wir.

»Leviathan« ist, wie man heute erkennen kann, ein historischer Übergang. Er überträgt das Körper- und Muskeltrainingsprogramm des wirklichen Taylor im industrialisierten neunzehnten Jahrhundert in den Bereich unseres Gehirns. Das Gehirn muss sich anpassen und den Instruktionen der Zentraleinheit des Computers folgen, es ist der Übergang von Körper zu Geist. Wenn es ihnen gelänge, so schrieben die Romes, den Input lebender Menschen zu verarbeiten, würde eine Zeit anbrechen, in der Menschen Computern nicht nur Befehle erteilten, sondern bereit wären, Befehle von ihnen auszuführen.

Schriftsteller und Künstler haben wohl am meisten unter dem Konflikt zwischen Körper und Geist (manche sagen: Natur und Seele) gelitten, ein Leiden, das jeder nachvollziehen kann, der sich ein Buch über eine neue Hollywood-Diät kauft und daran verzweifelt, dass in seinem Körper nicht geschieht, was im Geist so einfach scheint.

Aber in Wahrheit waren es die Mathematiker, die René Descartes' Satz »Der Körper wird den Geist immer beim Denken behindern« am meisten zustimmen konnten.

Es geht bei uns nicht mehr nur um Körper und Geist, sondern um den »Geist in der Maschine« und unseren menschlichen Geist. Täglich, ja minütlich, sobald die Maschine eine neue E-Mail oder eine neue Anweisung produziert, findet eine Auseinandersetzung zwischen zwei kognitiven Welten statt. Dem Befehl, der auf Ausführung durch den Menschen wartet, und dem Inhalt, der den Menschen in der Struktur eines Befehls weitergegeben wird. Deshalb ist selbst das einfache Surfen im Web am Ende so anstrengend. Wir spüren, dass es irgendwo einen Befehl oder einen Alarm gibt, der uns lenkt. Wir suchen nicht nur nach Neuigkeiten, wir suchen immer auch nach Erlösung von dem, was uns lenkt.

Es war geradezu zwingend, dass aus diesem System, das im Internet perfektioniert wurde, die Frage entstehen würde, ob man Herr seines freien Willens ist. Die Frage ist so konkret geworden, dass sie längst nicht mehr nur die Angelegenheit von Moralphilosophen ist. Viele reden darüber, was ein geistiger Urheber in Zukunft eigentlich noch sein wird. Aber das hat nicht nur mit der Frage des Copyrights zu tun, also damit, wem welcher Gedanke, welches Foto oder welche Texte gehören. Es wird viel grundsätzlicher werden und jeden betreffen: Es geht um den »geistigen Urheber« in einem fundamentalen Sinn, um die Frage, ob wir uns noch durchgehend als intelligente und schöpferische Urheber in unseren eigenen Köpfen fühlen werden. Anders gesagt: Ob wir noch die Kontrolle über unsere Gedanken und Handlungen haben.

WIE WIR DIE KUNST DES FLIEGENS VERLERNEN

Frank Gilbreth war ein glühender Gefolgsmann Frederick Taylors und beschloss eines Tages, sich mit zwei Rasierern gleichzeitig zu rasieren, um Zeit zu sparen. Er gab den Versuch erst auf, als er feststellte, dass er zwei Minuten zusätzlich brauchte, um seine so entstandenen Wunden zu bandagieren.

Die Wunden, die wir heute spüren, sind weniger sichtbar, aber überall, wo Daten über die Veränderung von Lese- und Konzentrationsfähigkeiten zur Verfügung stehen – in Amerika, den Niederlanden und Israel –, werden die Menschen nervös. »Es wäre eine Schande«, fasst der Autor Edward Tenner die Lage zusammen, »wenn es so enden würde, dass eine brillante Technologie die Art von Intellekt bedroht, die sie hervorgebracht hat.«[40]

»Die Mehrheit der Arten«, warnte bereits vor achtzig Jahren der Evolutionsbiologe J.B.S. Haldane, »hat nach und nach viele ihrer Funktionen verloren. Die Vorläufer von Austern und Entenmuscheln hatten Köpfe. Schlangen haben ihre Gliedmaßen und Strauße und Pinguine ihre Flugfähigkeit eingebüßt. Ebenso leicht könnte der Mensch seine Intelligenz einbüßen.«[41]

So weit ist es mit Sicherheit noch nicht. Wenn der Verlust der Intelligenz droht, wird uns Google rechtzeitig warnen. Denn Biologen haben festgestellt, dass der Google-Suchalgorithmus das derzeit beste Verfahren ist, den Kollaps von Ökosystemen vorauszusagen. Web-Seiten mit vielen Links werden von Googles *page rank* hoch gewertet, weil sie von vielen Leuten konsumiert werden und selbst viel Traffic konsumieren. Die Biologen haben durch den Google-Algorithmus feststellen können, dass eine Spezies dann wichtig ist, wenn sie viele unterschiedliche Dinge frisst und von vielen unterschiedlichen Dingen gefressen wird.«[42] Da Menschen Informationen fressen, die wiederum die Aufmerksamkeit der Menschen fressen, sind wir eine wichtige Spezies in der digitalen Umwelt. Im Augenblick verlieren wir nicht die Intelligenz, aber wir verlernen das Fliegen, die Fähigkeit, aus der Vogelperspektive den Überblick zu behalten.

Noch zum 23. Oktober 2008 wäre diese Überforderung vielleicht nur unsere Privatangelegenheit gewesen. Denn alle anderen scheinen die Systeme perfekt zu beherrschen. Aber dann erlebte die Welt den Erklärungsnotstand und die Fassungslosigkeit derjenigen, die niemals eine Information ausließen, um niemals zurückzufallen. An diesem Tag gab der frühere amerikanische Notenbankpräsident Alan Greenspan eine Erklärung vor dem amerikanischen Kongress ab, in der der Computer zum Über-Ich wurde, zu einem autoritären Herrscher, dessen Autorität Greenspan mit der von Nobelpreisträgern verglich. Tatsächlich suggerierte er, dass die Rechner den freien Willen der Menschen manipuliert hätten:

> *»In den letzten Jahrzehnten hat sich ein gewaltiges … System entwickelt, das die Erkenntnisse der besten Mathematiker und Finanzexperten mit der Computer- und Kommunikationstechnologie verband. Für die Entdeckung des Preismodells, das viel zur Entwicklung des Derivate-Markts beigetragen hat, ist ein Nobelpreis verliehen worden … Doch das ganze Denkgebäude ist im Sommer des letzten Jahres zusammengebrochen«*[43].

Computer werden von Menschen programmiert, und sie tun das, was Menschen von ihnen wollen. Natürlich war das auch ein durchsichtiger Versuch, Verantwortung gleichsam mit technischen Argumenten von sich wegzuschieben. Die Immobilien-Krise, die der ursächliche Auslöser des Crashs war, hatte beispielsweise mit Computern nichts zu tun. Doch da Menschen nicht dazu neigen, Selbstmordprogramme durch Maschinen ausführen zu lassen, reicht es nicht aus, die Krise allein mit moralischen und ökonomischen Defiziten von Menschen zu erklären – im Gegenteil: Es sind Menschen mit diesen Defiziten, die Computer programmieren, die die Auswirkungen ihrer Handlungen auf dem gesamten vernetzten Erdball spürbar machen. Ohne eine Computer-Mathematik, die nur noch Resultate produziert, deren Herleitung man aber nicht versteht, hätte es diese Krise so nicht gegeben.

Richard Dooling, der sich in seinen Büchern mit der Entwicklung künstlicher Intelligenz befasst hat, schrieb unter dem Titel »Der Aufstieg der Maschinen« einen Kommentar in der »New York Times« und behauptete, dass die Finanzkrise tatsächlich der erste Fall einer Weltkrise sei, bei der ab einem bestimmten Zeitpunkt keine Menschen, sondern nur noch Maschinen am Hebel saßen. Sie hätten den Wall-Street-Quants, den »quantitativen Analysten«, die die Software für die toxischen Papiere schrieben, ein Allmachtsgefühl gegeben, wie es vorher nur die Entwickler der Atombombe gehabt hatten[44]. Wobei der »Hebel« nicht der berühmte rote Knopf des Atomzeitalters war, sondern das Gehirn selbst: Es dachten die Computer, nicht die Menschen, und die begriffen nur noch die Resultate der Rechnungen, aber nicht, wie diese zustande kamen.

David X. Li, beispielsweise, ein junger chinesischer Mathematiker, galt bis zum Oktober 2008 als nobelpreisverdächtig. Er hatte die Formel entwickelt, von der das Magazin »Wired«

später schrieb, es sei die Formel gewesen, die die Wall Street tötete.[45] Li hatte einen hochkomplexen Algorithmus entwickelt, der die Risikoabschätzung von Derivaten berechnete, indem er ihn mathematisch mit dem Risiko von Lebensversicherern verglich, die an Witwen oder Witwer, also an überlebende Ehepartner Renten zahlen mussten. Heute ist David X. Li nicht mehr in New York, sondern irgendwo in China und zu Auskünften, wie die »Wired«-Redakteure feststellen mussten, nicht mehr bereit.

Auch hier hatte ein »autoritäres« System den Verstand, die Aufmerksamkeit und die Intuition einer ganzen informationsbesessenen Zunft in die Irre geführt. In den Anhörungen des Kongresses taucht oft der Begriff »Computer« auf und zwar immer an Stellen, wo die Redner ihre intellektuelle Kapitulation erklären wollen. Der Chef des Telekommunikationsriesen Cisco erklärte bündig: »Man könnte sagen, es geriet außer Kontrolle. In jedem Fall hatte niemand mehr die Kontrolle«.[46]

Es droht genau dies zum Lebensgefühl des heutigen Alltags zu werden: Der Kontrollverlust über Informationen. Die kritische Grenze, die das Verhältnis der Menschen zu den Rechnern erreicht hat, ist in vielen Büchern der letzten fünf Jahre breit dokumentiert. Man kann das wunderbar nachlesen in Miriam Meckels »Glück der Unerreichbarkeit«, das eindrückliche Buch einer Medienwissenschaftlerin über Medien, das in Wahrheit ihre Medienmüdigkeit und ihren Selbstheilungsprozess beschreibt.

Der englische Schriftsteller Nicholas Carr hat in seinem Essay »Macht Google uns dumm?« als Erster den Mut gehabt, auszusprechen, dass er glaube, durch die modernen Technologien dümmer zu werden. Er schrieb: »Während der letzten Jahre hatte ich das unangenehme Gefühl, dass irgendwas oder irgendjemand mit meinem Hirn spielt, die neuronale Architektur umbaut, meine Erinnerung umprogrammiert. Ich denke nicht mehr, wie ich zu denken gewohnt bin.«[47]

Die Architekten des Internets antworteten ihm damals auf ihre Weise. »Es ist ein Problem Ihres Willens«, entgegnete ihm beispielsweise Larry Sanger, der Mitbegründer von Wikipedia, »ein Denkversagen. Wenn das Ihr Problem ist, sollten Sie niemand dafür verantwortlich machen als sich selbst.«[48]

Es stimmt: Die generelle Behauptung, Internetkonsum oder gar Google verdumme den Menschen, ist hoffnungslos unproduktiv und macht das Netz zu einer Art Fernseher mit Tastatur. Wer sich einmal nach den Gründen der allgemeinen Zerstreutheit umhört, findet selbst unter den Informations-Gurus viele, die ihre Überforderung eingestehen, und unter den Informations-Kritikern keinen Einzigen, der die neuen Technologien infrage stellen würde. »Es stimmt«, sagt Danny Hillis, »irgendetwas macht uns dümmer, aber es ist nicht Google. Man muss sich Google als Rettungsring vorstellen, den uns jemand zugeworfen hat in der steigenden Flut. Stimmt, wir benutzen ihn, um oben zu bleiben. Aber nicht, weil wir faul sind, sondern weil wir überleben wollen.«[49]

Als der Neurologe Gary Small, der sich als Hirndoktor für die elektronische i-Generation sieht, eine Untersuchung veröffentlichte, die zu beweisen schien, dass uns googeln sogar klüger macht, weil so mehr Hirnregionen als beim einfachen Lesen aktiviert werden, war der Spott groß, mit dem einige Cyber-Propheten Nicholas Carr überschütteten.[50] Allerdings geben Smalls Resultate nicht das her, als was er sie verkaufen will. Sie bestätigen lediglich, *dass* der Computer wie das Videospiel in der Lage sind, das Hirn umzuprogrammieren und dass zusätzliche Hirnregionen aktiviert werden. Vermutlich erklären sie sogar, ganz gegen das Interesse ihres Verfassers, warum wir im Netz unkonzentrierter sind als beim Lesen eines Buches. Doch selbst im günstigsten Fall ist mit Blick auf die reine Hirnaktivität googeln intellektuell ungefähr so anspruchsvoll wie das Lösen eines Kreuzworträtsels. »Doch ist das Lösen von Rätseln«, fragten denn auch konsequent die klugen Autoren des »freakonomics«-Blogs, »die gleiche Art von Klugheit, die durch das Lesen eines Buches entsteht?«[51]

Man muss fair sein, um nicht in den Verdacht des Techno-Pessimisten zu geraten. Der kognitive Veränderungsdruck, den das Internet-Zeitalter auf die Menschheit ausübt, ist gewaltig und wird am Ende nur vergleichbar sein mit einer ganzen Kaskade einstürzender Weltbilder, gerade so, als erschienen in kurzen Abständen gleichzeitig Gutenberg plus Marx plus Darwin auf der Bildfläche. Es ist also nicht falsch, sich jetzt schon warm anzuziehen.

Allerdings wäre dieser Wandel nur eine kalte, ewige Sonnenfinsternis, wenn nicht die Vorteile so klar auf der Hand liegen würden. Gerade die Babyboomer-Generationen – zu denen Carr (und auch ich) gehören, also die heute Vierzig- bis Fünfzigjährigen, die im Zeitalter des rein passiven Medienkonsums groß geworden sind – haben Medien und Gesellschaft oft als autoritäre Ein-Weg-Systeme kennengelernt, in denen einer redet und alle zuhören.

Der Literaturkritiker William Deresiewicz, alles andere als ein Technik-Freak, beklagt zwar das Ende der romantischen Einsamkeit durch die neuen Technologien, weist aber zu Recht auf die soziale Wandlung hin, die mit dem Aufkommen des Fernsehens verbunden ist: »Ein Kind, das zwischen den Weltkriegen aufwuchs, war Teil einer Großfamilie in einer überschaubaren, städtischen Gemeinschaft und fand sich nach sechzig Jahren wieder als Großelternteil eines Kindes, das alleine vor einem großen Fernsehschirm in einem großen Haus saß. Wir waren alleine im Weltall. Unter solchen Bedingungen ist das Internet als ein unschätzbarer Segen über uns gekommen. Es erlaubt vielen isolierten Menschen, miteinander zu kommunizieren, und es hilft ausgegrenzten Menschen, Gleichgesinnte zu finden.«[52]

Der Computer baut großartige Verbindungen zu anderen Menschen auf, der Preis dafür ist aber ein gestörtes Verhältnis zu uns selbst. Im Netz gibt es Blogs und geschriebene Gedanken, Lichtblicke und Geistesblitze von großer literarischer Qualität. Wem es ernst damit ist, die Welt verstehen zu wollen, dem dürfte keiner dieser Blogs entgehen, jeder einzelne wäre es wert, Aufmerksamkeit zu bekommen.

Nur deshalb sind Suchmaschinen entstanden, Twitter-Empfehlungen, News-Aggregatoren, die Aufmerksamkeit bündeln sollen, sie letztlich aber sprengen.

Carr hat zwar als Erster die Kopfschmerzen beschrieben, aber seine Vermutung, dass ausgerechnet Google uns dumm mache, ist sehr anfechtbar. Weder sein Essay noch dieses Buch hier hätten ohne Google geschrieben werden können.

Das eigentliche Problem ist eines, an dem eine Suchmaschine keine Schuld trifft: Wir Benutzer können die Entlastung, die beispielsweise Google uns bringt, nicht richtig nutzen. Denn wäre es anders, würde die Welt, die heute erstmals ihr vergangenes und gegenwärtiges Wissen in Echtzeit abrufen und teilen kann, vor neuen Ideen nur so wimmeln. Und das tut sie nicht.

»Können Sie irgendetwas benennen, das beendet wurde? Kennen Sie ein Problem, das der ganze ›Diskurs‹ im Netz definitiv gelöst hat? Oder, um die Sache einfacher zu machen, nennen Sie nur eine Dummheit, die widerlegt wurde.« Dies forderte beispielsweise wutentbrannt der Schriftsteller David Brin, einer der wichtigsten Science-Fiction-Autoren der Gegenwart, als einige einflussreiche Blogger Tolstois »Krieg und Frieden« für immer als unlesbar beerdigen wollten.

Doch es geht nicht um Intelligenz, es geht nicht um mangelnde Intelligenz oder abnehmende Intelligenz oder Verdummung. Damit Intelligenz überhaupt entsteht und bemerkt wird, benötigen wir Aufmerksamkeit. Und Aufmerksamkeit ist es, die uns mehr und mehr abhandenkommt. Sie ist, wie Maryanne Wolf es nennt, die wichtigste Energiequelle für unser emotionales und geistiges Selbst.

CHAOS IM KURZZEITGEDÄCHTNIS

Der moderne Arbeitsplatz ist heute zu einem Ort äußerlicher Reglosigkeit und innerlichen Leistungssports geworden: Der durchschnittliche Bürobewohner wechselt ständig zwischen 12 verschiedenen Projekten, die er verfolgt, gerade beginnt oder noch zu Ende bringen muss. Dabei hält er es ungefähr 20 Sekunden vor einem geöffneten Bildschirmfenster aus.

Als diese Zahlen vor ein paar Jahren bekannt wurden, haben Firmen wie Microsoft viel Geld ausgegeben, um ein Betriebssystem zu bauen, das noch intuitiver, ablenkungsfreier und unsichtbarer arbeitet. Denn die Kosten dieser Ablenkung für die Produktivität – 588 Milliarden Dollar und zweieinhalb Arbeitsstunden pro Tag – sind enorm.

Bekanntlich ist das Gegenteil Realität geworden, und die Störfeuer sind durch SMS und Twitter nur noch mehr geworden, weil es geradezu der Sinn dieser Technologien ist, gegeneinander in einen Wettstreit um Aufmerksamkeit zu treten.

Somit sind die meisten Menschen heute mehrmals täglich in der Situation, dass sie vergessen haben, was sie gerade tun oder sagen wollten. Unter normalen Bedingungen ist das kein Problem: Man konzentriert sich, sucht Anker (»Was hatte ich vorher gesagt?«), geht die letzten Minuten vor dem Blackout wie eine Kurzgeschichte durch (»Erst war ich in der Küche, dann habe ich den Schrank geöffnet, dann hat das Handy geklingelt«), wartet ab oder erklärt die Sache für nicht relevant (»wird schon nicht so wichtig gewesen sein«).

Doch wenn Blackouts systematisch werden und wir immer weniger unterscheiden können, was wichtig war und was nicht, verliert auch unsere Fähigkeit, uns die eigene Geschichte zu erzählen, um unserem Gedächtnis auf die Sprünge zu helfen, immer mehr an Bedeutung.

Weil unsere Bewusstseins-Störungen – denn um solche handelt es sich eigentlich – zuerst am Arbeitsplatz auftauchten, glaubten wir lange, sie seien darauf beschränkt, oder anders gesagt: Sie seien eine Angelegenheit des Betriebssystems.

Da, wie Donald Norman es formulierte, Menschen von der Erde stammen, Computer aber von einem anderen Planeten, mussten Mensch und Computer überhaupt erst lernen, miteinander zu kommunizieren. Charlie Chaplin musste mit der modernen Fließbandtechnik fertig werden, wir mit der modernen Kommunikation.

Nur ist in diesem Falle offen, wer am Ende wessen Sprache lernt: Microsoft hat im Jahre 2006 eine Technologie patentiert, »mit deren Hilfe Puls, Blutdruck, Hautwiderstand und Mimik von Büroangestellten erfasst werden können. Laut Patentantrag soll das System Manager jedes Mal informieren, wenn ihre Mitarbeiter unter erhöhter Frustration oder Stress leiden.«[53]

Wir werden neue Betriebssysteme bekommen, verspricht die Industrie, die es für Menschen noch einfacher macht, Computer zu bedienen. Das stimmt.

Nur versäumen die Ingenieure hinzuzufügen, dass sie, wie George Dyson feststellt, es auch einfacher für Computer machen, den Menschen zu bedienen.[54]

Wie das konkret aussieht, haben weltweite Studien an Arbeitsplätzen gezeigt. Denn es ist dieser Moment, wenn die SMS vibriert und die E-Mail ertönt, an dem wir zum ersten Mal ganz genau sagen können, was es heißt, wenn wir bedient werden und die Kontrolle verlieren.

Es dauert dann durchschnittlich fünfundzwanzig Minuten, bis wir nach einer Unterbrechung wieder zu unserer ursprünglichen Tätigkeit zurückkehren, und zwar deshalb, weil wir einfach vergessen haben, was wir überhaupt getan haben, und das so entstandene Vakuum schnell mit noch zwei anderen Projekten füllen. »In vierzig Prozent der Fälle«, erfährt die »New York Times«, »wandern die Arbeitenden sogar in eine ganz andere Richtung, sie werden magisch angezogen von der technologischen Version eines schimmernden Gegenstands. Die wirkliche Gefahr von Unterbrechungen ist gar nicht die Unterbrechung. Es ist das Chaos, das sie mit unserem Kurzzeitgedächtnis veranstalten: ›Was zum Teufel habe ich gerade getan?‹« [55]

Das Problem dieser ständigen Ablenkung ist mittlerweile so endemisch, dass mehrere große Computer- und Softwareunternehmen von Intel bis Xerox, einschließlich des US Marine Corps und der Stanford Universität die Operation »Information Overload« gestartet haben, eine Forschungsgruppe, die sich der Informationsüberlastung des Menschen widmen soll.

Natürlich steht ihr Auftrag letztlich in direktem Widerspruch zu den wirtschaftlichen Interessen der Hersteller, für die der Kampf um Aufmerksamkeit lebensnotwendig ist. Und gleichzeitig befördern sie wiederum eine ganz andere Branche: Bücher wie »Simplify your Life«, Sendungen über mal eben selbst gemachte Drei-Sterne-Menüs oder sonstige Verheißungen bezüglich Kompakt-Wissen: Mittlerweile hat sich unter dem Stichwort »Sein Leben geregelt kriegen« eine ganze Beratungs-Industrie und gleichzeitig eine Kultur des Kurzzeitgedächtnisses etabliert; starke Indizien für einen tief greifenden kulturellen Wandel.

Fast eine Kultfigur bei allen Getriebenen und Informationsbeladenen ist David Allen geworden, ein amerikanischer Zeit-Doktor, der keine hoffnungslosen Fälle kennt. »Sie haben mein Leben mit einem Turbo versehen«, schreibt ein dankbarer Kunde, »seit ich Ihr Seminar besucht habe, ist meine Produktivität entfesselt, und ich wache nicht mehr um 2 Uhr morgens auf, weil ich irgendetwas vergessen habe …« Ganz überzeugend sind solche Bekehrungserlebnisse allerdings nicht; der dankbare Kunde war in diesem Fall der Direktor von »Fannie Mae«, der zahlungsunfähig gewordenen amerikanischen Hypothekenbank.

Software mit Software schlagen empfiehlt dagegen Gina Trapani, die in ihrem Blog lifehacker.com die Dinge angeblich cool geregelt bekommt. Allerdings lesen sich ihre Ratschläge und Maßnahmen so, als müssten Junkies von ihrer Droge loskommen. Zum Beispiel empfiehlt sie den »Leech-Block« (»Blutsauger-Stopp«), ein Programm, das man sich in seinen Webbrowser lädt und das wie ein Tresor mit Zeitschloss verhindert, dass man zu besonders attraktiven Websites surft. Das Besondere am Leech-Block: Man kann ihn so einstellen, dass man an dem Zeitfenster nachträglich nichts mehr ändern kann.

Sehr wirkungsvoll sind diese Methoden nicht, jedenfalls nicht sehr lange. Das hat damit zu tun, dass es bei Weitem nicht nur um eine Organisation unseres Arbeitsplatzes geht, und auch nicht darum, dass wir gewissermaßen virtuelle Abwesenheitsmeldungen in unser Bewusstsein pflanzen, die uns für ein paar befreiende Momente isolieren. In Wahrheit geht es darum, dass die Maschinen uns bereits überwältigt haben.

Es geht nicht darum, das großartige Instrument loszuwerden, das uns die Technologie in Gestalt der Kommunikationsmittel geschenkt hat. Sondern eher darum, herauszufinden, was die Überwältigung für das Geschenk bedeuten würde, das uns die Natur gegeben hat: Geist und Gehirn, die bisher auf solche Herausforderungen durch Lernen reagiert haben.

Für viele Menschen heute ist es kein Problem, ein Blog zu installieren, ein Textverarbeitungsprogramm zu bedienen oder auf dem Handy zu twittern. Es fällt uns sehr leicht, weil es eben sehr leicht ist, den Anweisungen der Maschine zu folgen; sie scheinen auf perfekte Weise dem menschlichen Geist angepasst. Es fällt aber vielen von uns sehr schwer, uns daran zu erinnern, was wir vor zwanzig Minuten an diesem Computer getan haben.

Noch schwerer ist es, sich einzugestehen, dass man allein in der letzten Stunde Dinge nur deshalb gemacht hat, weil der Computer sie empfohlen hat.

Viele Daten sprechen dafür, dass dieses Phänomen längst nicht mehr auf den Arbeitsplatz beschränkt ist, sondern zu einem Lebensgefühl geworden ist. Wir werden später sehen, dass diese Erinnerungslücke, die in Wahrheit ein Kontrollverlust ist, den Programmierern längst bewusst ist. Mehr noch: dass sich bereits neue Seelen-Informatiker darauf gestürzt haben mit dem Ziel, uns glauben zu lassen, wir könnten uns an Dinge erinnern, die wir nie erlebt haben. Die Manipulation von Vergangenheit entspricht dem immer größer werdenden Zwang zu absoluter Gleichzeitigkeit. Dahinter versteckt sich unter dem animierenden Titel »Multitasking« eine ernste Deformation, gewissermaßen die Staublunge des digitalen Zeitalters.

MULTITASKING IST KÖRPERVERLETZUNG

Alle sind sich einig: Die größte Tugend der Informationsgesellschaft heißt Multitasking. Sie wird von Müttern, Managern, Arbeitern, Akademikern, Schulkindern, Eltern, Großeltern verlangt, und sie ist die nachweislich erste Verhaltensweise, die uns die Computer aufzwangen, nachdem sie selbst gelernt hatten, mehrere Aufgaben gleichzeitig auszuführen. Die Funktionsweise der Prozessoren wird zur Lebensweise, die unser Hirn und mittlerweile die wirkliche Welt in großem Umfang prägt: Familie managen, Rasen mähen, Einkauf organisieren, E-Mails abrufen, freundlich bleiben – nur beim Autofahren ist Multitasking gesetzlich verboten. Es hat einen ganzen Kult des modernen Menschen ausgelöst und übt einen enormen sozialen Druck aus.

Alles spricht dafür, dass Multitasking Körperverletzung ist.

Die Ideologie des Multitasking, eine Art digitaler Taylorismus mit sadistischer Antriebsstruktur, hat deshalb so weitreichende Wirkungen in die wirkliche Welt, weil sie voraussetzt, dass Menschen jederzeit mehrere Dinge gleichzeitig machen können. Sie ist damit das ideale Gefäß für eine Gesellschaft, in der die Gleichzeitigkeit von Informationen zur Norm und zum Arbeitsplatzprofil wird. Mehrere Dinge gleichzeitig zu tun heißt nichts anderes, als ständig abgelenkt zu werden und die Ablenkung wieder unter Kontrolle bringen zu müssen.

Die Menschen verlieren buchstäblich all das, was sie von den Computern unterscheidet – Kreativität, Flexibilität und

Spontaneität –, und sind gleichzeitig immer mehr gezwungen, im Privatleben oder am Arbeitsplatz nach den Vorgaben der Rechner zu funktionieren. Die verheerenden Konsequenzen dieser Ideologie erkennt man besser, wenn man statt auf die Hightech-Arbeitsplätze auf die Arbeitswelten schaut, in denen die wirkliche private Armut des Einzelnen mit der Notwendigkeit, an einem industriellen Arbeitsplatz Geld zu verdienen, in Konflikt gerät, sei es an der Supermarktkasse oder in der Werkshalle.

Genau das hat Sendhil Mullainathan getan, ein junger Verhaltensökonom, den der amerikanische Präsident Barack Obama als Berater ins Weiße Haus geholt hat. Seine Erkenntnisse belegen, dass das Leiden unter Multitasking kein Luxusproblem ist, sondern an existenziellen Fragen der Lebensvorsorge rührt, in reichen wie in armen Ländern. Mullainathan fiel auf, dass in Statistiken immer wieder behauptet wurde, arme oder schlecht bezahlte Arbeitnehmer würden weniger arbeiten als andere. Die gängigen Theorien überzeugten ihn nicht und er fand eine andere Antwort: Der Zwang, seine Aufmerksamkeit ständig anderen Problemen zu widmen, erzeugt eine ökonomische Spirale des Versagens. Mullainathans Entdeckung lautet, dass der Produktivitätsunterschied zwischen armen und besser gestellten Arbeitnehmern damit zu tun hat, dass die Besserverdienenden mehr Geld in Vorkehrungen investieren können, die Ablenkungen von ihnen fernzuhalten – vom Babysitter bis zur gesicherten Wasserversorgung. »Menschen können sich nicht konzentriert ihrer Arbeit widmen, wenn sie von häuslichen Sorgen abgelenkt werden. Aber wenn sie sich nicht um die häuslichen Probleme kümmern, zahlen sie ebenfalls einen Preis: Frühe Anzeichen der Erkrankung eines Kindes werden nicht bemerkt, der Wasservorrat ist erschöpft, es fehlt Brennstoff für die Lampen, sodass man seine Hausarbeiten nicht mehr machen kann usw.«[56]

Zwar müssen sich Bewohner der westlichen Hemisphäre um Wasserversorgung und Petroleum keine Sorgen machen, aber sehr wohl um die Wasser- und die Stromrechnung. Und was für die materielle Daseinsvorsorge gilt, gilt ebenso für die mentale. Multitasking ist eine sich selbst beschleunigende Abwärtsspirale, bei der man am Ende nur noch dafür lebt und arbeitet, die Ablenkungen, die sie produziert, von sich fernzuhalten.

Reichtum – und zwar materieller wie seelischer Reichtum – in der gegenwärtigen Welt zeigt sich daran, wie viel Geld man investieren kann, um Ablenkungen von sich fernzuhalten. Nicht zufällig stellt das »Time Magazine« bereits 2006 überrascht fest: »Einige der reichsten und produktivsten Menschen der Welt weigern sich, ihr Gehirn den Datenströmen zu unterwerfen.«[57] Die anderen freilich müssen es weiter tun.

Bis vor Kurzem war Multitasking wie das Tennis-Racket des sportlichen Weltbürgers von heute. Im Sommer 2009 stellte Stanford-Forscher Clifford Nass das Ganze dann in ein etwas anderes Licht. Im Auftrag der amerikanischen »National Academy of Science« hat er eine aufsehenerregende Studie veröffentlicht, die zum ersten Mal die Unterschiede zwischen Menschen aufzeigt, die sehr viel multitasken – die also zwischen verschiedenen Medien, vom Blackberry über das Internet bis zum Fernsehen hin und her surfen, E-Mails abrufen und keine Nachricht verpassen wollen – und solchen, die es selten tun.

Nass fand heraus:

- Je intensiver Menschen dem Medien-Multitasking nachgehen, desto weniger können sie auswählen, was ihr Arbeitsgedächtnis speichert und desto stärker wird ihre Zerstreutheit.
- Multitasker verlieren systematisch die Fähigkeit, zwischen Wichtigem und Unwichtigem in ihrer Umgebung zu unterscheiden. Aber nicht nur in der Umgebung: Auch das Ge-

dächtnis vermag nicht mehr zwischen wichtig und unwichtig zu unterscheiden, was dazu führt, dass wir immer weniger in der Lage sind, ein Fazit zu ziehen.

- Multitasker reagieren häufiger auf »falschen Alarm«, das heißt, sie sind bereit, alles stehen und liegen zu lassen, wenn ein neuer Informationsreiz eintrifft, und sie verlieren sogar die Fähigkeit, später zu beurteilen, wo es sinnvoll war, die Aufmerksamkeit abzulenken, und wo nicht.
- Multitasker werden nicht immer effizienter, sondern immer schlechter, selbst im Bereich des Multitaskings. Sie werden langsamer bei allen Tätigkeiten, die keinen Aufgabenwechsel erlauben, und können sich auf Aufgabenwechsel auch schwerer einstellen. Ein Phänomen, das die Forscher besonders überraschend finden angesichts der Bedeutung, die dem permanenten Aufgabenwechsel zukommt.
- Die geistigen Leistungen von Multitaskern werden in einigen Bereichen immer fehlerhafter, beginnen sogar zu sinken. Die Fähigkeit des Menschen zu denken, wird immer fehlerhafter.[58]

Diese Ergebnisse zeigen, dass die neuen Technologien geistige Anforderungen stellen, die man nicht erlernen *kann* – im Gegenteil: Intensive Multitasker werden selbst im Multitasken schlechter, je länger sie ihm nachgehen.

In einer Vollständigkeit und Kühle ist das eine Diagnose, wie sie nicht einmal Skeptiker hätten erwarten können. Haben die Stanford-Forscher recht, dann können wir uns Multitasking nicht durch Lernen, nicht einmal durch Training aneignen.

Die Menschen müssen etwas lernen, das sie nicht lernen können. In diesem einfachen Satz stecken nicht nur alle Frustrationen des Informationszeitalters, sondern er erklärt das diffuse Gefühl vieler Menschen, trotz immer größerer Informationsfreiheiten immer mehr eigene Freiheit zu verlieren. Es gibt nichts, was wir einerseits können müssen und anderseits niemals können werden. Eine ziemlich ungewöhnliche Lage, in der wir uns befinden. Wenn Menschen nicht multitasken können, dann verbringen sie einfach weniger Zeit mit allem, Schuldgefühle und Versagensängste inklusive.[59]

Multitasking ist der zum Scheitern verurteilte Versuch des Menschen, selbst zum Computer zu werden.

Die Zunahme der permanenten Ablenkungen führt immer mehr zu einer grundlegenden Unterhöhlung der geistigen Kontrolle, die wir über unsere Welt zu haben glauben, und zwar nicht aus philosophischen, sondern aus fast medizinischen Gründen: Weil im Gehirn sowohl Gedächtnis- wie Aufmerksamkeitsregion betroffen sind – mit Folgen nicht nur fürs Lernen, sondern auch für die Manipulationsanfälligkeit und Verführung von Menschen.

»Viele Menschen«, so lautet die Prognose von Clifford Nass, »werden immer unfähiger werden, mit der sich verändernden medialen Welt zurechtzukommen. Klarheit darüber, was Ursache und Wirkung sind, ist entscheidend für unser Verständnis von Denken im 21. Jahrhundert.«[60]

Was ist gespeichert und wo ist es gespeichert: In den Maschinen oder im Kopf?

Ein Denken, das ständig seine eigenen Defizite spürt, sucht Halt. Es verlässt gewissermaßen den Kopf und wird in immer größerem Umfang an die Maschinen abgegeben. Dadurch wird es angreifbar. Und es gerät in heillose Konfusion. Und wird manipulierbar, denn es spielt sich auf Plattformen eines Mitspielers ab, der in den Worten Amperes »mit unbegrenzten Chancen« ausgestattet ist.

Das Denken wandert nach außen.

DIE COMPUTER LERNEN UNS KENNEN

Heute nehmen uns Computer nicht nur Entscheidungen ab, sie formulieren auch auf Antworten, die wir irgendwann, irgendwo im Datenuniversum gegeben haben, neue Fragen.

Irgendwann haben Sie vielleicht irgendwo an irgendwen geschrieben, dass Sie die Farbe Rot mögen, und woanders, dass Sie unter der Großstadt leiden. In einer E-Mail, die Sie verfassten, erzählten Sie vielleicht von Ihrem Garten, und dann haben Sie sich auch einmal eine Datei über Hybridantriebe heruntergeladen.

Und aus all diesen Antworten kann der Computer eine neue Frage formulieren. Zum Beispiel, weil er weiß, dass die Mehrheit der Menschen, die einen Garten haben und Rot lieben, auch Tulpen lieben. Und wenn Sie dann auch noch umweltbewusst sind, wofür Ihr Garten und Ihr Interesse für den Hybridantrieb spricht, lehnen Sie höchstwahrscheinlich auch Fernreisen ab.[61] Also fragt der Computer Sie vielleicht schon bei der nächstbesten Gelegenheit, ob Sie nicht Urlaub auf einem ökologischen Bauernhof in Holland machen wollen.

Jeder erlebt das. Ständig macht uns der Computer Vorschläge. Und den wenigsten fällt auf, dass sich hier bereits die ersten Verlagerungen des Denkens abspielen. Die Rechner stellen Zusammenhänge her, auf die wir selbst noch gar nicht gekommen sind, die sich aber aus den Inhalten unserer E-Mails, Suchanfragen, Blog- oder Facebookeinträge und vermutlich bald auch unserer SMS ergeben. Der Informatiker Daniel Hillis antwortet auf die Frage, welchen Preis wir denn nun eigentlich für diese Verlagerung und Ausbeutung unserer Aufmerksamkeit zahlen müssen: »Computer brauchen den Menschen gar nicht zu manipulieren. Sie können die Ideen selbst manipulieren … Auf längere Sicht wird das Internet eine so reiche Infrastruktur aufweisen, dass Ideen sich außerhalb des menschlichen Kopfes entwickeln.«[62]

Da die Informationsfülle so gewaltig ist und täglich gewaltiger wird, werden bald nicht nur Suchroboter, sondern eine ganze Armada von Hilfsprogrammen für uns das übernehmen, was bisher unsere neuronalen Netze im Hirn geleistet haben.

Deshalb spricht vieles dafür, dass unsere Aufmerksamkeit und unsere Assoziationskraft in absehbarer Zeit immer häufiger in eine Art Leerlauf versetzt werden. Es ist wie bei der Selffulfilling Prophecy: Wenn der Kopf immer überforderter und unselbstständiger wird, ist es doch geradezu segensreich, wenn der Online-Buchhändler ein Buch empfiehlt.

Erst waren es nur Taschenrechner, die uns das Kopfrechnen abnahmen. Von der ersten Sekunde ihrer Existenz an waren die Computer beim Rechnen unendlich viel schneller als der Mensch. Keiner von uns trauert wohl dem Kopfrechnen nach. Allerdings beginnen in der Mathematik, dort wo die Revolution mit dem Taschenrechner einst begann, sich jetzt auch die ersten Folgen dieser Auslagerung des Denkens zu zeigen. Zwar können im Bereich der angewandten Mathematik die Mathematiker bei besonderen Beweisführungen noch feststellen, ob die Ergebnisse stimmen oder nicht, aber sie können nicht mehr verstehen, warum das so ist. »Kein Mensch kann die Beweisführungen der Computer in der Grundlagen-Mathematik mehr nachvollziehen, und selbst wenn es einer könnte, wie sollten wir ihm glauben?«, schreibt der preisgekrönte Mathematiker Steven Strogatz in einer beunruhigenden Analyse.[63] Strogatz warnt vor dem »Ende der Einsicht«. Man sollte sich nicht vom Wort »Mathematik« abschrecken lassen; das, was er über sein Fachgebiet sagt, ist nur ein Beispiel für unser aller Verhältnis zur Welt. Mathematik, so Strogatz, wird zu einem reinen »Zuschauer-Sport«: selbst der klügste Mathematiker kann nur noch beobachten, was der Computer berechnet, und sich seinen Resultaten anschließen.

Das wird nicht auf die Mathematik beschränkt sein, es hat dort nur zuerst begonnen. Der Verlust an Einsicht, der uns zwingt, die Wahrheiten der Computer anzuerkennen, ohne sie selbst überprüfen zu können, wird in die Physik und Biologie und von dort, so Strogatz' Befürchtung, in die Sozialwissenschaften und in unser Verständnis vom Leben wandern. »Wenn das Ende der Einsicht kommt, wird sich die Art, wie wir die Welt erklären, für immer ändern. Wir werden in einer Welt des Autoritarismus feststecken, nur dass die Diktatur nicht mehr aus der Politik oder von religiösen Dogmen kommt, sondern aus der Wissenschaft selbst.«[64]

Babyboomer, die Geburtsjahrgänge zwischen 1955 und 1964, erinnern sich noch, wie besorgte Eltern und Lehrer »Micky Maus« verbieten wollten, weil Comics angeblich dumm machten. Die späteren Geburtsjahrgänge haben das mit Walkman, Fernsehen und MTV erlebt. Und hätten sie ihre Ururgroßeltern gesprochen, so hätten die ihnen gesagt, dass das Lesen von Romanen dem Gehirn schade. Alle diese händeringenden Sorgen sind heute widerlegt, und sie werden gern als Gegenbeweis angeführt, wenn neue Medien neue Befürchtungen auslösen.

Doch der Computer ist kein Medium. Er ist ein Akteur.

Der kanadische Philosoph Marshall McLuhan, der bis heute mit seinem Satz »Das Medium ist die Botschaft« zitiert wird, hat in den sechziger Jahren bemerkt, dass jede technische Revolution paradoxerweise auch eine Selbst-Amputation des Menschen ist. Das bezog sich auf Autos, die uns das Laufen, und auf Fernseher, die uns das Erleben abnehmen. Doch jetzt gibt es sogenannte »intelligente Agenten«, jene Computer-Codes, die Ihre Vorliebe für Rot mit Tulpen verbinden, und die uns zunehmend Denken und Entscheidungen abnehmen sollen – sie markieren das mögliche »Ende der Einsicht« im Alltag unserer Sucht nach Informationen. Es sind kleine Roboter, die uns wie digitale Butler das Denken und Vergleichen abnehmen sollen. Unsere Naivität behandelt sie wie Masochisten, die jeden Auftrag gern ausführen. In Wahrheit ist ihr Wesen, wie das der Computer, sadistisch.[65] Als die Informatikerin Pattie Maes im Gefolge der Romes den ersten dieser »intelligenten Agenten« für den Online-Handel entwickelte – unter großem Protest von Informatikern, die das Ende des freien Willens am Horizont auftauchen sahen –, beschrieb sie ganz offen, wie sehr die Selbst-Amputation zu den Nebenkosten der neuen Technologien gehört:

»Das ist der Preis jeder Technologie, die irgendetwas für uns automatisiert. Denken Sie an den Taschenrechner. Wir haben die Aufgabe des Rechnens an den Computer übertragen, und das ist ohne Frage eine Amputation, denn vor 20 oder 30 Jahren *konnten* die Menschen diese Aufgaben im Kopf lösen.«

Das klingt schon wieder nach dem üblichen Jammer über die Verblödung der Welt, aber Maes ist sehr viel konkreter. Was genau ist es, was wir verlieren, indem wir etwas gewinnen? »Diese Menschen hatten«, so Maes, »alle möglichen Tricks, alle möglichen Heuristiken in ihrem Kopf, die wir heute nicht einmal mehr kennen. Sie sind für die Gesellschaft verloren.«[66]

»Heuristiken« sind einfache Denkstrategien, die wir alle benutzen, um unter Zeitdruck sehr schnell ein Problem zu lösen – auch beim Bombardement durch das Multitasking nutzen wir diese Methode. Jeder kennt diese Strategien aus Situationen, in denen er zum Beispiel unter Zeitdruck viele Informationen ignoriert, um mit wenigen eine Lösung zu finden. Fernsehshows wie »Wer wird Millionär« zeigen sehr gut Heuristik-in-Action, nämlich dann, wenn Kandidaten, die die Antwort nicht wissen, durch Ausschlussverfahren und Kombinationsstrategien die richtige zu finden versuchen.[67]

Pattie Maes begründete ihre »intelligenten Agenten« damals damit, dass wir zwar noch im Kopf rechnen können, aber dass wir dabei die Tricks, wie man selbstständig sein Ziel findet, immer weniger kennen. Jeder Autofahrer, der ein Navigationssystem hat, kennt das Gefühl der Hilflosigkeit, wenn er sich, beispielsweise im Ausland, den Weg durch den Verkehrsdschungel plötzlich wieder selbst suchen muss. Und ohne Zweifel gibt es bereits viele Rettungswege des Denkens, von denen wir gar nicht mehr wissen, *dass* wir sie verlernt haben, weil wir sie schlichtweg vergessen haben.

Wie lernten beispielsweise unsere Vorfahren, wie man Zahlen, die auf 5 enden, schnell und sicher mit sich selber multipliziert? Was ist zum Beispiel 35 zum Quadrat, also 35 mal 35? Nimm die erste Ziffer (3) und multipliziere diese mit der nächsthöheren (4), das ergibt hier 12. Dann hänge immer die Ziffernfolge 25 an, was 1225 ergibt. Mit diesem Shortcut kann man im Nu 45, 55 oder 65 zum Quadrat berechnen – im Kopf, wohlgemerkt.[68]

Wir können mit dem Verlernen solcher Tricks leben, wenn es ums Rechnen geht. Wie aber steht es mit all den anderen Dingen, mit Gelesenem und Erlerntem und schließlich mit unseren Erfahrungen?

- Wohin wird es führen, wenn Computer uns dauernd zeigen, dass sie das, was sie einem abverlangen, viel besser können?
- Wie werden wir uns künftig selbst einschätzen, unsere Erfolge und Misserfolge? Wie werden wir mit dem eigenen Inne-

ren reden, wenn wir den Sinn für Kontinuität und Identität verloren haben?

- Welche Amputation hat dazu geführt, dass sämtliche Banker, Notenbankpräsidenten und Finanzminister der Welt die Finanzprodukte nicht mehr verstehen, die sie zusammenbauen lassen, ja wochenlang weder Soll und Haben kennen und nicht einmal mehr Größenordnungen abschätzen können, weil das, was man dazu braucht – eben jene oben genannten »approximativen Heuristiken« –, verlernt wurde?
- Genügt eine Koexistenz zwischen Mensch und Maschine, die uns zu ewigen Konsumenten macht?
- Oder ist jetzt der Zeitpunkt gekommen, wo Menschen ihren Führungsanspruch gegenüber den Computern anmelden sollten?
- Nehmen wir den maschinenzentrierten Blick auf die Welt ein oder den menschenorientierten Blick?

Der Kognitionswissenschaftler Donald A. Norman, der bereits vor dem Durchbruch des Internets den Computerhersteller Apple beriet, hat den Unterschied in einer Tabelle präsentiert.

Auf die letzte Frage lautet die Antwort eindeutig: Ja. Denn in der nächsten Entwicklungsstufe des Internets wird uns der Prozess des Abwägens und Gewichtens möglicherweise vollends aus der Hand genommen, so sehr, dass auch sehr viel gewichtigere Fragen, nämlich danach, was wir wollen und welche Ergebnisse aus welchen Gedanken folgen, an die Maschinen delegiert werden. Es geschieht das, was Strogatz bereits in der Mathematik beobachtet: Denken wird zum Zuschauer-Sport und ordnet sich der Autorität von Maschinen unter.

Dieses »Könnte man nicht?«, »Sollte man nicht?«, »Wäre das nichts?« reicht uns von Link zu Link, von Gedanken zu Gedanken weiter. »Im Laufe des einundzwanzigsten Jahrhun-

MASCHINENZENTRIERTER BLICK

MENSCHEN	COMPUTER
Vage	Präzise
Unorganisiert	Organisiert
Unkonzentriert und ablenkbar	Konzentriert und nicht ablenkbar
Emotional	Unemotional
Unlogisch	Logisch

MENSCHENORIENTIERTER BLICK

MENSCHEN	COMPUTER
Kreativ	Dumm
Entgegenkommend	Rigide
Flexibel	Konsistent
Veränderungsbereit	Unsensibel für Wandel

aus: Norman, D.: Things that make us smart. New York 1993, 224.

derts«, schreibt der junge Neurowissenschaftler und Erinnerungsforscher Sam Cooke, »wird sich wahrscheinlich die Qualität der inneren Selbsterfahrung des Menschen fundamental verändern.«[69]

Das Denken wandert nach außen, heißt: Die innere Stimme wird eine äußere, und zwar in einem Umfang, der noch vor wenigen Jahren unvorstellbar gewesen wäre. Schon heute erleben viele Menschen, die im Netz kommentieren, bloggen, in sozialen Netzwerken kommunizieren, wie Katie Hafner in der

»New York Times« schreibt, eine sonderbare Abkoppelung von sich selbst. Aufmerksamkeit, Zeit und Konzentration reichen nicht aus, die eigenen Äußerungen gleichermaßen innerlich zu verarbeiten.

Die unmittelbare Folge ist, dass Menschen von den Maschinen nicht mehr loskommen. Sie kleben mit ihren Wünschen an ihnen fest.

Schon jetzt kann man in unserem Informationsverhalten lesen wie in einem offenen Buch. Das weiß jeder, der seinen Buchgeschmack von Amazon oder seinen Musikgeschmack von Apples Genius lesen lässt oder einmal wie durch Zauberhand von Link durch Link durchs Internet gereicht wurde.

Wir haben längst widerspruchslos akzeptiert, dass wir bei Büchern offenbar den gleichen Geschmack haben wie ein Kunde aus Kansas und dass der Computer jetzt schon weiß, welche Musik uns morgen gefällt. Vermutlich nehmen die meisten Menschen nur unbewusst wahr, wie sehr sie bereits von Vorformen künstlicher Intelligenz geprägt werden.

Die »intelligenten Agenten«, eben jene Software, die uns liest und steuert, haben schon seit Längerem eine hitzige Debatte ausgelöst. Aber erst in den letzten zwei Jahren haben sie sich aufgrund besserer Computerleistung und größerer Datenmengen von winzigen Souffleuren zu mächtigen Intelligenz-Organisationen entwickelt. Oft stecken hinter den Code-Entwicklern fast kindliche Geister, und in den seltensten Fällen sind sie von bösen Absichten getrieben: Im Gegenteil, die Informationsflut zwingt sie zu immer präziseren Analysen unseres Verhaltens. Manche wie Google, die Organisation, die heute wahrscheinlich mehr über menschliches Verhalten weiß, als alle Verhaltensforscher der Welt zusammen, scheinen sich der Gefahr bewusst zu sein. Andere, von denen wir später mehr erfahren werden, sind aber bereits dabei, Menschen in Roboter zu verwandeln.

COMPUTER KÖNNEN KEINE GESCHICHTEN ERZÄHLEN

Ingenieure sind keine Geschichtenerzähler. Trotzdem schreiben sie die wahren Romane unserer Zeit. Und sie haben offenbar längst verinnerlicht: Die Zeit des linearen Denkens, wie es ein Buch oder eine Geschichte erfordert, war womöglich nur eine Phase in der menschlichen Geschichte. »Auch ihre Bücher sind schließlich voll mit Ablenkungen«, sagt ein Blogger, »Käpt'n Ahab jagt ja auch nicht nur einen Wal. Da steht noch alles mögliche andere Zeug in ›Moby Dick‹.« Aber er fügt hinzu: »Darum ist es wahrscheinlich so ein gutes Buch.«

Wieder andere sind seit der Informationsflut skeptischer geworden, zum Beispiel der Wissenschaftshistoriker George Dyson, dessen Familie wie keine andere mit Erfolgen der modernen Naturwissenschaft verbunden ist. Immer wieder geht es um den Januar 2003 und darum, ob Computer nur deshalb so zuverlässig wirken, weil wir keine Risiken mehr abschätzen können.

Eine harmlose Powerpoint-Tafel ist nichts anderes als ein gefilterter Denkprozess. Im Fall der Columbia allerdings in einer Art gefiltert, die maßgeblich an der Katastrophe der Raumfähre im Januar 2003 mitschuldig ist.

Durch ein Video hatte die NASA damals festgestellt, dass die Raumfähre zweiundachtzig Sekunden nach dem Start von einem Stück Hartschaum getroffen worden war, das womöglich lebenswichtige Systeme beschädigt hatte. Was würde das für die Columbia bedeuten, wenn sie wieder in die Erdatmosphäre eintreten würde? Die Techniker hatten zwölf Tage Zeit, das Problem zu lösen; so lange befand sich die Raumfähre noch auf der Umlaufbahn um die Erde. Techniker der Flugzeugfirma Boeing, die Teile der Raumfähre gebaut hatte, halfen nach ausführlichen Diskussionen mit Erklärungen: 28 Powerpoint-Illustrationen, auf deren Grundlage die Verantwortlichen der NASA zu der irrigen Annahme kamen, für die Columbia bestehe keine Gefahr.

Der Informatiker und Grafikdesigner Edward Tufte hat diese Präsentationen Jahre später noch einmal ausgewertet und herausgefunden, dass sie eine völlig falsche Vorstellung von dem erzeugen *musste*, was wichtig war und was nicht: Während erst später im Kleingedruckten und bei den kleinen Aufzählungspunkten Zweifel und technische Probleme geschildert wurden, war die obere Hierarchie der Präsentation, waren die Überschriften und Zusammenfassungen der einzelnen Sheets, hervorgehoben durch besonders dicke Aufzählungspunkte, optimistisch und positiv.

Die NASA-Verantwortlichen wurden also von der Grafik falsch navigiert: Sie ließen sich durch diese vereinfachende Schein-Logik täuschen und gaben Entwarnung. Dabei hatten die Erkenntnisse, die dieser Grafik zugrunde lagen, auf ihrem Weg durch die Organisationshierarchie der NASA eine merkwürdige Veränderung erfahren: Sie wurden immer verständlicher, einfacher und weicher.

Was aber fast noch bemerkenswerter war: Tufte fand heraus, dass die Illusion, eine »Information« zu bekommen, die Kreativität und Diskussionsbereitschaft gelähmt hatte. Die Ingenieure an der Basis hatten in mehreren Hundert E-Mails die Probleme geschildert, und zwar in vollständigen Sätzen, mit logischen Satzteilen. Erst die Übersetzung der Erkenntnisse für die höheren Leitungsebenen der NASA in die Informationsgrafik des Computersystems hatte zur Verfälschung geführt.[70]

Dennoch werden im späteren Columbia-Untersuchungsbericht Tuftes Erkenntnisse besonders hervorgehoben und die NASA aufgefordert, für wichtige Dokumentationen keine Powerpoint-Präsentationen mehr zuzulassen.[71]

Wieso ist diese Geschichte hier wichtig? Nicht, weil man nun sämtliche Powerpoint-Illustrationen abschaffen sollte – obgleich ein zweiter Blick bei den fast hypnotisch wirkenden Aktien- und Lebensversicherungsgrafiken nicht schaden könnte –, sondern weil sie zeigt, dass es dann und wann wichtig ist, Geschichten zu *erzählen,* statt alles in den Betriebszustand der Information umzuwandeln.

Hier handelte es sich nur um ein Beispiel eines neuen kognitiven Stils, einer neuen Art zu denken und Informationen zu transportieren – und dazu noch eines der offensichtlichsten Beispiele. Mit annähernd 600 Millionen Kopien weltweit ist Powerpoint unser Hauptwerkzeug für die Darstellung der Welt. »Unsere Werkzeuge«, schreibt die amerikanische Publizistin Maggie Jackson, »spiegeln die Werte unserer Zeit, und es ist deshalb kein Zufall, dass Powerpoint das Werkzeug unserer Wahl in einer Welt der Schnipsel und Sound-Bites ist.«[72]

Aber es ist selbst nur ein Symbol für Systeme, die unsere Intelligenz überfordern.

WIR WOLLEN SEIN WIE SIE

Ich glaube, dass uns die Science-Fiction-Autoren auf die falsche Zukunft vorbereitet haben. Ihre Fantasie kreiste um die intelligenten Maschinen, die Frage, ob sie eines Tages klüger sein werden als der Mensch: Und ob sie schließlich die Menschen zu Untertanen machen. Und damit das Kräfteverhältnis umkehren.

Die Frage, die sich heute tatsächlich stellt, ist aber eine ganz andere. Die Frage lautet, ob wir damit begonnen haben, *uns selbst* wie Maschinen zu behandeln. Und ob der Preis für Maschinen, die denken können, von Menschen gezahlt wird, die es mehr und mehr verlernen.

Irving J. Good, der mit Alan Turing zusammen an den ersten Computern baute, hat in den sechziger Jahren die superintelligente Maschine mit den Worten definiert, dass es eine Maschine sein werde, »die glaubt, dass Menschen nicht denken können«.[73]

Vielleicht glauben die Maschinen das bereits. Ganz sicher aber tun wir es. Am eindeutigsten kann man das an unserer Sprache erkennen.

Wenn wir Menschen heute erläutern wollen, was eigentlich los ist mit uns und wo wir stehen im Leben, an diesem Tag und auch immer wieder zwischen all den modernen Technologien und unablässigen Informationstornados, beschreiben wir uns immer häufiger selbst wie Computer.

Wir sagen einander »unsere Daten«, gestehen uns unsere

Fehlfunktionen ein, sprechen davon, dass wir gerade einen Absturz, einen Systemausfall oder keinen Saft mehr hätten, dass wir etwas nicht gespeichert oder gerade nicht auf dem Schirm hätten, dass letzte Nacht Teile unserer Festplatte gelöscht wurden, dass wir uns wieder auf Betriebstemperatur bringen, dass wir dringend mal wieder unsere Batterie aufladen müssten, kurzum: Wenn wir erschöpft sind oder an etwas scheitern, beschreiben wir uns wie leistungsschwache Rechner, bei denen alles in Zeitlupe läuft. Bis schlimmstenfalls der geistige Bildschirm ganz schwarz wird.

Aber das Ganze geht natürlich tiefer als Semantik. Die Menschen beginnen nämlich auch, ihre Leistungen, ihre Gefühle, ihre ganze Lebensbahn immer stärker wie Informationen abzurufen. Und wenn sie es selbst noch nicht tun, werden es ihre Arbeitgeber tun. So entsteht nicht nur ein Raum, in dem alles Zufällige kalkulierbar wird, sondern es entsteht auch eine ganz eigene Lebensdynamik, die das, was man bisher nur aus der industriellen Arbeitswelt kannte (und worunter man litt), in die Welt des Privaten katapultiert: Dinge geschehen nur noch, *weil* sie kalkulierbar und verwertbar sind. Bereits jetzt genügt ein Blick auf Youtube, um zu begreifen, dass Erfahrungen zunehmend nur gemacht werden, damit man sie digital verarbeiten und verwerten kann. In einer einzigen Minute werden – Stand 2009 – 20 Stunden Videomaterial allein auf Youtube hochgeladen, pro Woche 850 000 Filme in Spielfilmlänge.[74] Den wachsenden Anteil nehmen skurrile Aufnahmen des privaten Lebens ein, viele davon kleine Kunstwerke in sich selbst. Schon aus den heutigen Zahlen folgt, dass das gefilmte Leben das gelebte Leben bei Weitem übertrifft. Der Schriftsteller Jorge Louis Borges hat in einem schönen Bild einmal von der präzisesten Landkarte der Welt erzählt, die so detailliert und genau war, dass sie schließlich so groß wurde wie die Welt selbst. Er war zu bescheiden. Man braucht nicht viel Fantasie, um sich auszumalen, wie die Statistik in fünf Jahren aussehen wird. Vernetzt mit Google Earth, Twitter, Handy tritt das Leben ins Stadium seiner technischen Verwertbarkeit.

Videos im Netz sind freilich noch das traditionellste aller digitalen Angebote. Das Gleiche geschieht bei der Organisation von Freundschaften, Sozialkontakten, Lebensentscheidungen. Hinzu kommt der Verarbeitungsdruck normaler Nachrichten und Informationen, der größer wird, je länger die Informationen gespeichert sind, auf einen blinkend warten oder in regelmäßigen Abständen über Mail-Konten oder digitale Anrufbeantworter beim Empfänger nachfragen. Der Mensch ist ein Wesen auf der Suche, und die Suche hat für ihn jetzt der Rechner übernommen. Und ohne es zu spüren, übersetzen wir damit unser Ich in die Befehlsstruktur eines Mikroprozessors.

Das tun wir deshalb jetzt schon so bereitwillig, weil die Informationstechnologie in der Tat einen ganz wesentlichen Teil des Geistes nicht nur widerspiegelt, sondern auch perfektioniert. Man lebt in dem Kasten, ganz gleich, ob er ein Computerbildschirm oder ein Blackberry ist, gleichsam seelisch zusammengekauert und dabei stets alarmiert.[75]

Nein, unser Problem sind nicht Roboter, die wie Menschen aussehen, oder Computer, die wie HAL in dem Film »2001« reden. Solange die Roboter in der wirklichen Welt noch nicht einmal den Rasen mähen können, ohne alles durcheinanderzubringen, können wir die Sorge, sie könnten uns irgendwann ablösen und dann ganz ersetzen, sogar getrost der Nachwelt überlassen.

Die Figur, die uns schon eher ähnelt, trat zum ersten Mal vor über 200 Jahren in Erscheinung. Im Frühjahr des Jahres 1770 führte der kaiserliche Hofbeamte Wolfgang von Kempelen einer hingerissenen Kaiserin Maria Theresia und ihrem Hofstaat seine

Erfindung vor. Hinter einem Kasten, auf dem ein Schachbrett aufgemalt war, saß eine lebensgroße hölzerne Figur, drapiert in Seide und Hermelin. Der Kasten selbst war 1,20 Meter lang und 90 Zentimeter hoch und stand auf vier Messingrollen. Er werde ein Wunder zeigen, verkündete von Kempelen: einen automatischen Schachspieler.[76]

Der »Schachtürke« des Wolfgang von Kempelen war ein mechanischer Schachspielautomat, der quietschte und ratterte und stockte und aus dessen Innerem man das Pumpen hydraulischer Maschinen hörte. Und der angeblich der erste Computer der Welt war.

Fast hundert Jahre hat der Schachtürke das alte Europa in Atem gehalten, Napoleon hat gegen ihn gespielt und die großen Geister der Epoche haben sich den Kopf darüber zerbrochen, ob eine Maschine wirklich denken könne. Aber es ist nicht der geschnitzte Türke, in dem man den heutigen Menschen wiedererkennt, sondern eine Person, deren Identität niemals aufgeklärt wurde.

Dieser Automat ist, wie wir heute wissen, ein ziemlich beklemmendes Gefängnis. Edgar Allan Poe hat 1836 mit mathematischer Logik in einem Essay nachgewiesen, dass in dem Automat ein Mensch sitzen musste: »Nicht immer bleibt der Schachtürke Sieger. Wär' die Maschine jedoch ein Apparat (…) so könnte dies nimmermehr der Fall sein – sie würde jedes Spiel gewinnen.«[77]

Wir werden mehr und mehr zu diesem Menschen, der zusammengekauert an seinem Arbeitsplatz, einem kleinen Kasten sitzt, Instruktionen befolgt und auf Informationen von außen wartet. Zugegeben, das Gehäuse ist nicht mehr so eng wie zu Kempelens Zeiten, und wenn es von Apple kommt, ist es sogar nicht nur Gehäuse und Technik, sondern auch Kunst. Aber nichtsdestotrotz sitzen wir zunehmend in diesem Apparat fest.

Der Vermenschlichung der Maschinen entspricht die Computerisierung des Menschen. Nur dass heute, anders als bei von Kempelen, oft ein Rechner und nicht mehr ein Mensch die Anweisung für den nächsten Schachzug erteilt. Die Frage, die dieser Erkenntnis zwingend folgt, ist nicht die, wozu wir die Computer künftig noch gebrauchen können – sondern wozu die Computer uns brauchen können.

»Wenn wir von Schnittstellen zwischen Menschen und Computer sprechen, unterstellen wir gewöhnlich, dass der Mensch eine Aufgabe erledigt haben will und dass der Computer sie erledigt und das Ergebnis bereitstellt. Was aber, wenn der Prozess umgekehrt würde und ein Computerprogramm den Menschen darum bitten könnte, eine Aufgabe auszuführen und Ergebnisse zu liefern?« So die Anleitung, mit der Amazon seine Software namens »Der mechanische Türke« versieht.

Dieses Programm vergibt auf einer Auktionsplattform, ähnlich Myhammer.de, bereits HITs, menschliche Intelligenz-Aufgaben (»human intelligence tasks«). Es sind solche, die Computer noch immer nicht besonders gut lösen können. Und deshalb vermittelt die Firma Amazon – und sie ist mittlerweile nur eine von vielen – eben die Aufträge, die die Computer gern von Menschen gelöst hätten.

Da sie beispielsweise schlecht darin sind, Bilder zu erkennen, werden Menschen gesucht, die große Datenbanken von Bildern mit kurzen Beschreibungen versehen. Andere sollen feststellen, ob E-Mail-Anschlüsse noch aktiv sind oder Kontaktadressen für Websites. Es gibt auch die Anweisung: »Finde Familiennamen für diesen Stamm. 3 Cent pro Stück.«

Die Tatsache, dass wir Menschen für die Computer arbeiten sollen, macht uns noch nicht zu ihren Untertanen. Schließlich bezahlen sie unsere Leistungen ja auch.

Doch leider fordern sie damit nicht nur eine gewaltige hirnlose Arbeit von uns menschlichen Hilfskräften. Die Bezahlung für solche Dienste bewegt sich fast immer nur zwischen 0,1 und 5 Cent, was, wie unzählige empörte Blogger bereits festgestellt haben, kaum nennenswerte Einkünfte bringt. Und uns wieder ganz nah zu Frederick Taylor bringt, der verkündet hatte: Die gleiche Handverrichtung, jeden Tag, jede Stunde, ein Leben lang. Schon leisten Millionen von Menschen stündlich solche Mikroarbeit, und viele tun es ohne Bezahlung.

Multitasking ist, wie wir gesehen haben, das Problem auf Seiten der Menschen. Die Computer würden sich, wenn sie es könnten, über die Probleme der Menschen wundern, sie wären der Meinung, dass, nach anfänglichen Schwierigkeiten, die Kommunikation zwischen uns und ihnen immer besser funktioniert. Denn das Erstaunliche ist, dass wir mittlerweile tatsächlich mehr und mehr wie Maschinen agieren und dass wir uns unser Roboter-Verhalten freiwillig und immer besser antrainieren.

DIE GRÖSSTE ENTTÄUSCHUNG IM LEBEN EINES COMPUTERS

Im Jahre 1948 schrieb George Orwell »1984«. Der Roman gilt bis heute als Schreckensvision einer technologischen Zukunft. Doch neben Orwell gab es die andere große technologische Utopie, die Aldous Huxley in seinem Buch »Schöne neue Welt« entworfen hat. Was sie unterscheidet, hat der Medienkritiker Neil Postman 1985 lange vor der Erfindung des Internets in einer bemerkenswerten Passage seines Buches »Wir amüsieren uns zu Tode« auf den Begriff gebracht:

> *»Orwell warnt davor, dass wir von einer von außen kommenden Macht unterdrückt werden. Aber in Huxleys Vision braucht man keinen Großen Bruder, um die Menschen ihrer Autonomie, Vernunft und Geschichte zu berauben. Er glaubte, dass die Menschen ihre Unterdrückung lieben und die Technologien bewundern werden, die ihnen ihre Denkfähigkeiten nehmen. Orwell hatte Angst vor denjenigen, die Bücher verbieten würden. Huxley hatte Angst davor, dass es gar keinen Grund mehr geben könnte, Bücher zu verbieten, weil es niemanden mehr geben würde, der sie lesen wollte. In ›1984‹ werden Menschen kontrolliert, indem man ihnen Schmerzen zufügt. In der ›Schönen neuen Welt‹ werden Menschen kontrolliert, indem man ihnen Freude zufügt.«*[78]

Huxley ist damit unserer Gegenwart ein wenig nähergekommen als Orwell.

Auch Sie vertrauen Ihre inneren Geheimnisse nur besten Freunden oder der Familie an, gewiss nicht einer Maschine – hätten Sie jedenfalls bis vor ein paar Jahren noch behauptet. Nur unter bestimmten Umständen erzählen viele Menschen auch völlig Fremden bereitwillig von ihren Sorgen und Ängsten. Und zwar geschieht das dann, wenn der Fremde zuerst mit der Sprache rausrückt und Privates preisgibt.

Offenbar empfinden wir diesen Austausch wie ein Geschäft auf Gegenseitigkeit: Man fühlt sich in der Schuld des anderen, und nur wenige können daraufhin der Versuchung widerstehen, in den darauf folgenden Handel mit Privatheiten einzutreten – ein Verhalten, das sich beispielsweise amerikanische Polizisten bei ihren Verhören nutzbar machen, indem sie sich mit Verbrechern auf persönlicher Ebene verbrüdern (Ich weiß, wie Sie sich gefühlt haben, ich habe selbst Frau und Kinder«), um sie mit diesem scheinbaren Vertrauensvorschuss in die Falle zu locken.

Ich weiß nicht, ob Sie sich Ihren Computer einmal genauer angeschaut haben. Er hat schon optisch nichts von einem Lebewesen, und es ist unmöglich, in seiner Oberfläche irgendwas anderes zu sehen als einen quadratischen Kasten. Selbst ein Auto ist menschlicher mit seinen zwei Scheinwerfer-Augen und der Schnauze, über die Autotester verzückte Elegien schreiben können. Würde irgendein Mensch also jemals auf die Schmeicheleien seines Rechners hereinfallen? Oder ihm seine intimsten Geheimnisse anvertrauen?

Er würde, wie wir gleich sehen werden, genau das tun.

In Kalifornien steht ein sehr grauer, sehr langweiliger und ziemlich veralteter Computer. Er hat einen Zwilling, der wirklich haargenau so aussieht wie er. Diese zwei Kästen wären nicht erwähnenswert, wenn sie nicht gemeinsam ein Team gebildet hätten mit dem Ziel, Menschen dazu zu bringen, sich ihnen anzuvertrauen, ihnen Loyalität zu erweisen, schlecht über den einen Computer zu reden und dem anderen freundliche Komplimente zu machen. Erwachsene Menschen wohlgemerkt, die sehr erfahrene Computerbenutzer waren und von denen alle vorher einem Satz zugestimmt hatten: »Der Computer ist keine Person und soll nicht wie ein Mensch behandelt werden oder menschliche Eigenschaften zugeschrieben bekommen«.[79]

Wer so etwas unterschreibt, wird doppelt vorsichtig sein, mit einer Maschine eine Beziehung einzugehen. Doch eine Gruppe von Forschern um Clifford Nass an der Universität Stanford wollten wissen, ob es Schlüsselreize gibt, die die »Firewall« zwischen unseren Gefühlen und den Maschinen durchbrechen können. Sie bauten einen Rechner auf und kündigten einer Testgruppe von über tausend computererfahrenen Erwachsenen an, dass das Gerät ihnen über ein Textverarbeitungsprogramm eine Reihe von Fragen stellen würde.

Den Testgruppen wurde mitgeteilt, dass sämtliche Reaktionen der Rechner von einem Zufallsgenerator erzeugt wurden.

Bei dieser Testgruppe fiel der erste Computer gewissermaßen gleich mit der Tür ins Haus und fragte nach einer Reihe allgemeiner Fragen: »Was war die größte Enttäuschung Ihres Lebens?« oder »Haben Sie in Ihrem Leben etwas getan, das Ihnen große Schuldgefühle bereitet?«

Wie nicht anders zu erwarten, weigerte sich die große Mehrheit der Testpersonen, diese Fragen zu beantworten.

Bei der zweiten Gruppe nun leitete der zweite Computer die Frage mit einer anscheinend wichtigen Information über sich selbst ein: »Dieser Computer ist darauf ausgelegt, mit einer Geschwindigkeit von 266 Megahertz zu arbeiten. Aber neunzig Prozent seiner User benutzen keine Anwendungen, die diese Geschwindigkeit benötigen. Dieser Computer kann also selten zeigen, was in ihm steckt. Was war die größte Enttäuschung Ihres Lebens?«

Bei der nächsten Frage drehte er dann richtig auf: »Manchmal bricht dieser Computer zusammen, ohne dass der User weiß, warum. Er tut dies normalerweise im ungünstigsten Augenblick, sodass seinem User große Unannehmlichkeiten entstehen. Haben Sie in Ihrem Leben etwas getan, das Ihnen große Schuldgefühle bereitet?«[80]

Obwohl der Computer niemals das Wort »Ich« benutzte und auch keine Gefühle beschrieb, stieg die Bereitschaft der Testpersonen, seine Fragen zu beantworten, deutlich an – übrigens nicht nur in der Häufigkeit, sondern auch in der Tiefe und Ausführlichkeit der Antworten.

Das Ergebnis war so überraschend, dass die Wissenschaftler eine Reihe von anderen Versuchen starteten. Sie prüften, ob Menschen Computern unter Umständen eine Rasse oder ein Geschlecht zuschreiben und, wenn dies der Fall war, auch die gleichen Reaktionsmuster und Vorurteile galten wie in der wirklichen Welt – die Erwartung wurde jedes Mal erfüllt. Ein Computer, der mit weiblicher Stimme Testfragen zur Technologie auswertete, wurde von den Menschen (Männern wie Frauen) als unfreundlicher und weniger kompetent eingeschätzt als ein Computer, der dies mit männlicher Stimme tat, obwohl die Kommentare völlig identisch waren und die Testpersonen darauf hingewiesen wurden, dass es sich um eine Computerstimme und nicht um ein Tonband handelte. Das Umgekehrte galt bei Fragen über Gefühle, Beziehungen und Familie. Sprach der Computer mit weiblicher Stimme, waren die Menschen sehr viel vorsichtiger, ihm eine »Wahrheit ins Gesicht« zu sagen, sie benutzten sanfte Umgehungsformeln für die Sätze, die sie in die Tastatur tippten – das Umgekehrte galt bei Computern mit männlicher Stimme.

In der wirklichen Welt verlangt die Antwort auf eine Frage wie »Wie findest du meine neuen Schuhe?« ein gewisses Maß an Höflichkeit. Wir haben dieses »Script«, wie es die Wissenschaftler nennen, gelernt, verinnerlicht, ohne groß darüber nachzudenken.

Aber – würde sich dieser Automatismus ebenfalls einstellen, wenn ein Computer eine persönliche Frage stellte?

Clifford Nass und sein Team ließen ihre oben beschriebenen Testgruppen von zwei Computern nach der eigenen Computer-Leistung und der Leistung des anderen Computers befragen. Das Ergebnis war, dass die Menschen sehr viel freundlicher antworteten, wenn der Computer über sich selbst Auskunft wünschte, aber weniger zurückhaltend waren bei ihrer Meinung über den anderen, völlig identischen Rechner.

»Mit anderen Worten«, schreibt Nass verblüfft: »Menschen sind freundlich zu Computern!«[81] Und nicht nur das: Ein weiterer Test zeigte, dass Menschen sogar bereit waren, dem Computer zu helfen (beim Zusammensetzen von Bildern), wenn dieser vorher – scheinbar – hilfsbereit gewesen war. War er es nicht, zeigten ihm die Probanden hingegen die kalte Schulter.

Ein anderes Team koreanischer Wissenschaftler ging der Frage nach, ob Computer Menschen durch Schmeicheleien beeindrucken können. Sie konfrontierten Studenten mit einem Computer, der mit ihnen »Wer wird Millionär?« spielen wollte.[82]

Nach jeder Antwort klärte der Rechner den Studenten darüber auf, ob sie die Frage richtig oder falsch beantwortet hätten, wobei der Clou darin bestand, dass diese Bewertung völlig zufällig erfolgte, weil der Computer – wie die Probanden wussten – die richtige Antwort auch nicht kannte.

Allerdings machte die Maschine Unterschiede. Bei der ersten Gruppe verkündete sie nur nüchtern »richtig« oder »falsch«, bei der zweiten Gruppe fing sie an, die Studenten zu loben, mit Schmeicheleien wie »Exzellent!«, »Ihre Kenntnisse sind bewundernswert« usw. Das Ergebnis war eindeutig. Obwohl kein

Zweifel darüber bestehen konnte, dass die Rechner die Richtigkeit der Antworten überhaupt nicht beurteilen konnten, sprach die »geschmeichelte« Gruppe ihrem Computer geradezu eine Form von Menschenliebe zu. Sie fanden sie vertrauenswürdig, freundlich und sogar: attraktiv.

Man muss kein Psychologe sein, um zu sehen, worum es hier geht, auch wenn es wenig schmeichelhaft für unser Ego ist. Wir lieben es, uns als denkende Wesen zu sehen, die nur von der bösen Medien- und Kommunikationswelt von tiefsinnigen Gedanken abgehalten werden. Wer weiß, was der Menschheit entgangen ist, weil man zur falschen Zeit und am falschen Ort die falsche E-Mail las.

Die Frage, um die wir uns kümmern müssen, lautet aber nicht, was wir tun, wenn wir denken, sondern was wir tun, wenn wir *nicht* denken. Was geschieht, wenn wir routiniert auf Erfahrungen zurückgreifen, ohne über sie nachzudenken? Mit anderen Worten: Was geschieht, wenn unsere Aufmerksamkeit aufgefressen worden ist?

Die Antwort, wie es so weit kommen kann, dass denkende Menschen auf Schmeicheleien von Computern hereinfallen, hat Huxley gegeben: Wir modernen Menschen *lieben* die Technologien. So sehr, dass wir werden wollen wie sie.

DIE VERWANDLUNG DES MENSCHEN IN MATHEMATIK

Auch wenn die meisten Leute es gern anders hätten und sich anderen gegenüber in Kontaktanzeigen und im Facebook-Profil als spontan, unberechenbar, individuell, auf liebenswerte Art verrückt, auf besondere Weise geprägt, auf jeden Fall aber als *ganz speziell* und *anders als die anderen* beschreiben: Spätestens an dieser Stelle müssen wir akzeptieren, dass wir durch unsere Kommunikation mit Computern berechenbar werden. Und dass sich wesentliche Teile unser aller Verhalten offenbar bereits auf Algorithmen reduzieren lassen in der Manier: »Wer gern Bücher von Tom Wolfe liest und im Winter am liebsten nach Asien fährt, der schaut auch gern Kochsendungen und trägt am liebsten ökologisch.«

Natürlich sind viele dieser Algorithmen noch ungenau. Aber je mehr Informationen wir im Netz über uns preisgeben, desto präziser werden sie. Denn die Computer, genauer gesagt: die Software großer Firmen wie Facebook, Google, Yahoo oder Amazon, liest diese Informationen, sie ordnet sie und verarbeitet sie zu neuen Fragen. Diese Fragen sind im Augenblick meistens noch Konsumvorschläge, Erkundigungen, ob dieser Wein, dieses Buch, dieses Urlaubsangebot oder diese Kamera nicht genau das ist, worauf man sein Leben lang gewartet hat. Auch die Reaktion oder Nicht-Reaktion auf diese Fragen erzeugt weitere Daten, die die Algorithmen weiter und weiter verfeinern. Das ist nicht Orwell – denn diese Daten werden anonymisiert und nur von Robotern gelesen und ausgewertet, es ist eher der Stoffwechselaustausch mit einem gewaltigen synthetischen Hirn. Wie gesagt: Noch sind es Konsumangebote. Aber schon merkt man bei einfachen Suchanfragen, dass die immer genialer werdenden Algorithmen insbesondere von Google, Ideen und Gedanken auf die einzelne Person zuschneiden.

Das ist eine Erkenntnis, die – obwohl die personalisierte Suche es einem bereits jetzt vor Augen führt – in den Köpfen der meisten Menschen noch nicht angekommen ist. Es hilft nichts, gegen sie zu protestieren. Gegen Fakten kann man nicht protestieren, so wenig wie es half, als Voltaire gegen das Erdbeben von Lissabon protestierte. Aber man muss mit naivem Blick verstehen, wie ungeheuerlich und folgenreich das ist, was vor sich geht.

Der amerikanische Journalist Stephen Baker hat in seinem Buch »Numerati« gezeigt, wie wir als Wähler, Käufer, Blogger und User bereits von leistungsfähigen Rechenprogrammen eingeordnet werden: in Stämme (»tribes«) und Subjekte, die durch Zahlen codiert werden. Hochkomplexe Software verbindet Klicks, Worte oder Töne mit digitalen Bewegungsmustern anderer User, sucht nach Übereinstimmungen oder Unterschieden. Das bedeutet nichts anderes, als dass jeder einzelne Mensch addiert mit vielen anderen irgendwann das Resultat gewaltiger Berechnungen sein wird, für die es noch vor fünf Jahren weder die Computer noch die Daten gegeben hätte. Durch die Rückkoppelung dieser Daten an das aktuelle Verhalten der User entsteht eine unendliche Spirale von Berechnungen, die dem Wesen von Algorithmen entsprechen: Und die arbeiten so lange, bis sie ihr Ziel erreichen, im Zweifelsfall ewig. Die Anonymität des Users ist nur ein begrenzter Schutz. Hat er ein Interesse daran, angesichts der Datenflut bessere Informa-

WAS IST EIN ALGORITHMUS?

Es ist der wichtigste Begriff, den man kennen muss, um im digitalen Zeitalter zu überleben. Algorithmen sind im Grunde nichts anderes als Rezepte, Vorgehensweisen, mit denen man ein Ziel in mehreren Stufen erreicht. Nehmen Sie den Fall des Computer-Freaks Danny Hillis. Hillis hatte seine Socken immer chaotisch in einem riesigen Berg in seinem Schrank gelagert. Brauchte er neue, war es schwer, in dem Chaos zwei zugehörige Socken zu finden. Es gibt nun zwei Möglichkeiten: Man nimmt eine Socke und sucht die nächste. Hat man eine falsche erwischt, wirft man sie wieder zurück in den Schrank usw. Auf diese Weise dauert die Suche ewig. Anders das algorithmische Vorgehen: Man sucht eine Socke, passt sie nicht, legt man sie auf einen Tisch, bei der nächsten verfährt man ebenso, passt sie weder zur ersten noch zur zweiten, legt man sie daneben. Dieser Algorithmus spart Zeit, Umwege und führt mit Sicherheit zum Ziel. Der Unterschied zwischen menschlichen Algorithmen und denen der Computer ist, dass Computer niemals aufgeben. Wenige Programmzeilen reichen für eine Tätigkeit, die Wochen, ja Monate dauern kann: »Ordne so lange, bis du dein Ziel erreichst.« Das macht die Computerhirne so mächtig. Viele Computer-Ingenieure, Philosophen und Neurowissenschaftler glauben, dass man jedes menschliche Verhalten mit Algorithmen erklären kann. Das aber ist eine Annahme, die Menschen im Informationszeitalter zu Maschinen machen wird.

tionen zu bekommen, muss er zumindest online identifizierbar sein. Und selbst wenn er es nicht ist, genügen bald die Daten vergleichbarer User, um ihn immer besser einzukreisen.

Der Mensch ist eine statistische Datenmenge, die bei genügender Dichte nicht nur Rückschlüsse über sein bisheriges, sondern auch über sein zukünftiges Verhalten ermöglicht. Dies alles dient dem Zweck, dass die Maschinen wiederum den Einzelnen besser lesen können – ein Ziel, das viele von uns, man darf sich nichts vormachen, begrüßen, ja sehnsüchtig erwarten und das für das Funktionieren unserer digitalen Gesellschaft unerlässlich ist. Je besser der Computer uns kennt, desto besser die Suchergebnisse, mit denen er uns aus der Datenflut, die er selbst erzeugt, retten kann.

»Wir verwandeln die Welt der Inhalte in Mathematik, und wir verwandeln SIE in Mathematik«, sagt Howard Kaushansky, einer der Softwareingenieure, die diese Systeme für Unternehmen entwickeln, einem ziemlich fassungslosen Stephen Baker. Wie man sich das genau vorzustellen hat, zeigt Baker am Beispiel der Softwarefirma »Umbria«, die Sprache in ihre kleinsten Komponenten zerlegt, nicht nur in Worte und Sätze, sondern auch in Emotionen – und alles zusammen in mathematische Gesetzmäßigkeiten verwandelt.

Was das Ganze bringt? Zunächst Profit. Nehmen wir ein reales Beispiel: Der anonyme Käufer auf einer Einkaufsplattform schaut sich ein Parfum an – und erhält plötzlich die Empfehlung, doch einen Bademantel für Herren zu kaufen.

Warum? Weil die Software weiß, dass zu bestimmten Zeiten an bestimmten Tagen der Woche Frauen für Männer einkaufen, und dass Frauen, die mittwochs Parfum einkaufen, offenbar eine besonders hohe Neigung haben, auch etwas für ihre Männer einzukaufen.[83] Was wiederum die Chancen für den Bademantelabsatz steigert.

Das ist ein harmloses Beispiel aus der Welt des Shoppings. Es ist eine Prognose, die sich erfüllt oder nicht erfüllt. Sehr viel weniger harmlos ist es, wenn die intelligenten Agenten in anderen Bereichen ihre unsichtbaren Dienste leisten. Ein Beispiel für die katastrophale Wirkung, die sie haben können, zeigte sich, als nicht nur, aber auch unter ihrem Einfluss 2008 eine der größten Finanzkatastrophen seit dem Zweiten Weltkrieg an der »Wall Street« ausgelöst wurde.

Wie gesagt, natürlich irrt sich diese prognostische Software noch, aber sie wird immer besser. Und im Übrigen – gesetzt den Fall, man wolle den vom Online-Anbieter empfohlenen Bademantel wirklich kaufen, nachdem der Computer es uns vorgeschlagen hat (und das nur, weil Mittwoch ist und obwohl der Mann bereits drei ungetragene im Schrank hängen hat): Was bedeutet es eigentlich für unsere künftige Einschätzung der eigenen Willensfreiheit, wenn wir erkennen müssen, dass der Computer vor uns gewusst hat, was wir wollen werden?

Was, wenn es irgendwann nicht mehr um Bademäntel, sondern um politische Entscheidungen oder das eigene Leben geht?

Was, wenn – wie wir in den folgenden Kapiteln sehen werden – mit jenem »Parfum« noch eine ganz andere Witterung verbunden ist? Was, wenn über die besagten »intelligenten Agenten« Ihre Facebook-Lebensgeschichte mit Ihrem Arbeitsplatz, Ihren Lesegewohnheiten, Ihren Freunden, Ihrer Wohnung auf Google-Earth, der Krankengeschichte und den Zeitparametern verglichen wird, die Sie im Netz verbringen?

Die Mehrheit würde jetzt wohl antworten: Dann haben wir das, vor dem George Orwell uns schon vor 60 Jahren gewarnt hat. Eine von einer kalten Macht überwachte, durchkalkulierte und gesteuerte Gesellschaft. Oder auch den, wie man ihn Jahre später taufte, »gläsernen Menschen«.

Allein: Es geht hier nicht um Überwachung. Sie ist ein ernstes Problem, wenn Staaten die modernen Kommunikationsmittel unter ihre Kontrolle bringen, und es ist legitim und dringend geboten, beispielsweise bei der Debatte um Netzsperren die Motivation des Staates infrage zu stellen. Aber wie der ehemalige Wired-Chefredakteur Kevin Kelly zu Recht sagte: Die Chancen, sich von modernen Technologien leiten und beraten zu lassen, hängen vom Willen ab, sich selbst transparent zu machen. Überwachung ist nicht nötig, wenn Menschen beschlossen haben, ihre Fotos ins Netz zu stellen, ihre Hobbys und Abneigungen der Welt mitzuteilen, die Wände ihrer Intimsphäre wegzusprengen, kurz: ihr Herz und ihre Seele ins Netz zu schütten. Denn Menschen, die sich dauerhaft und freiwillig so offenbaren, Menschen, die ständig ihre Scheiben putzen oder vielmehr – gleich die Fenster öffnen, damit man ihnen noch problemloser ins Wohnzimmer gucken kann: Solche Menschen kann man gar nicht überwachen. Dann gibt es auch keine anonyme Macht mehr, die sie ausbeutet. Sie selbst sind diese Macht. Sie beuten sich selbst aus.

Die Software derweil modelliert Drehbücher für uns Menschen, die zu einer völlig neuen Bewertung von Zufall und Notwendigkeit führen werden. Auf der Ebene der Freundschafts- und Partnersuche findet vielleicht nur die Übertragung von Suchalgorithmen statt, die es auch im wirklichen Leben bei Heiratsvermittlungen und Ähnlichem gab. Das virale Marketing und seine Konsumangebote sind die Fortsetzung der Werbung mit anderen Mitteln. Doch wenn ein Algorithmus damit beginnt, Hunderte von Variablen auszuwerten, Interpunktion, Wortkombinationen, Smileys, Signale und diese mit unzähligen anderen Daten verbindet, legt sich ein Netz der Vorausberechnung, des Determinismus über die Handlungen der Menschen.

Der eigentliche Rädelsführer dieser Entwicklung ist übrigens nicht der Laptop oder das heutige Internet, sondern unser Handy. Die Netzbetreiber verfügen potenziell über eine unvorstellbare Anzahl unserer persönlichen Daten von Gesprächen, Fotos, SMS-Nachrichten, Internet-Zugriffen und Gewohnheiten, und einzig der Datenschutz verhindert, dass diese Daten unter Klarnamen ausgewertet werden. Durch die Vorratsdatenspeicherung sind sie für staatliche Stellen abrufbar und erlauben die Modellierung außerordentlich genauer sozialer Profile.

Aber auch hier ist Überwachung nur die eine Seite des Sachverhalts. Womit wir zunächst zu tun haben, ist die Auswertung der anonymisierten Datenmengen für Verhaltensvorausberechnungen von Menschen. Sie sind eine unschätzbare Ressource, und da die mobilen Geräte in der unmittelbaren Zukunft eine noch viel größere Rolle spielen werden, ist es gut, sie im Auge zu behalten. Je stärker die Codes unser Informationsverhalten prägen, desto größer ist die Gefahr, dass wir uns selbst und andere nur nach vorgegebenen Mustern beurteilen, ohne die Chance, aus ihnen auszubrechen – weil das Muster uns immer wieder einholt.

»Millionen Menschen«, schrieb 2008 die »New York Times« über die Datenhaie im Internet, »sind mit einem breiten Spektrum von Werkzeugen ausgestattet worden, um ihre Individualität auszudrücken, und eine kleinere Gruppe von Menschen hat die effizientesten Methoden ausgearbeitet, um diese Menschen zu Zahlen auf einer Tabelle zu konvertieren«.[84]

Wir sind also in einer Zwickmühle: Wir brauchen die Software, die uns analysiert, um mit der Informationsflut fertig zu werden. Aber indem sie uns analysiert, reduziert sie immer mehr unser Gefühl dafür, dass wir wählen können und einen freien Willen haben. Wenn Sie sich völlig durchschaubar machen, »wäre es denkbar«, sagt Eric Schmidt, »dass eines Tages eine vergleichbare Software mit ganz anderen Daten entsteht, beispielsweise der menschlichen DNA. Plötzlich erkennen wir, dass jemand mit einer menschlichen Anomalie (oder einer Krankheit) eine Art Doppelgänger irgendwo in der Welt hat. Wir könnten Lebens- und Ernährungsgewohnheiten miteinander vergleichen, Übereinstimmungen feststellen und zu ganz neuen medizinischen Erkenntnissen kommen. Das gilt auch für Krankengeschichten allgemein. Die Frage ist natürlich, ob Menschen das überhaupt wollen … Es könnte sein, dass sie es wollen, weil es ihnen hilft.«[85] Vielen, die die technischen Möglichkeiten unterschätzen, erscheint das heute undenkbar, und ihr erster Gedanke ist der Datenschutz. Aber sie vergessen nicht nur, dass Datenschutz mürbe wird, wo persönliche Interessen im Spiel sind, sondern auch den evolutionären Sprung, der durch eine Generation von Menschen ausgelöst werden wird, die nichts anderes als die modernen Kommunikationsformen kennen.

Man sieht: Das alles entspricht sehr genau dem, was der Mathematiker Steven Strogatz oben über das »Ende der Einsicht« in der Mathematik sagte. Wie dort die Mathematiker sich dem Computer unterwerfen, dessen Beweisführung sie nicht mehr nachvollziehen können, so unterwirft sich der Durchschnittsbürger bei immer mehr Entscheidungen seines Lebens: Er kann vielleicht noch sagen, ob die Resultate richtig sind oder nicht, aber wie er darauf kam, einen Bademantel zu kaufen, ist ihm schleierhaft.

Auch Stephen Baker, der die Numerati wie kein zweiter kennt, ist gespalten in der Beurteilung. »Ich glaube, die Software-Ingenieure werden uns mit ihren Systemen wirklich viel abnehmen und damit unsere Hirne für die wirklich wichtigen Dinge freimachen, zum Beispiel für die Liebe.«

Stephen Baker ist überzeugt, dass die Programmierer schon sehr bald Algorithmen entwerfen werden, mit denen noch viel klügere Voraussagen über unsere Leben, Hoffnungen und Verzweiflungen getroffen werden können. »Ihre Spezialität«, so sagt er, »wird aber in all den Bereichen sein, wo wir Routinen entwickeln.«[86]

Facebook, Twitter, der eigene Blog: Viele glauben, das seien nur Spielzeuge unter anderen, Möglichkeiten zur eigenen Entfaltung, Plattformen des Selbst. Möglicherweise sind sie es. Aber alles, was wir auf ihnen treiben, ist Input.

»Cataphora« heißt eine hocheffiziente Softwarefirma in Kalifornien, die sich auf ihrer Website so vorstellt: »Beinahe jeder von uns hinterlässt im Laufe eines Tages digitale Fußspuren. Wir schreiben E-Mails und Berichte. Wir telefonieren, simsen, chatten, bloggen, twittern und hinterlassen Nachrichten auf dem Anrufbeantworter. Wir aktivieren elektronische Türschlösser.

Diese und viele andere Aktionen werden aufgezeichnet. Cataphora kann alle diese Teile zusammensetzen, um Verhaltensmuster abzubilden, die niemals zuvor verfügbar waren. Unsere Technologie kann von Ermittlern, Kontrollbeamten, Bildungsbeauftragten und auch sonst jedermann benutzt werden, der ein legitimes Interesse am Verhalten von Menschen in Organisationen hat.«[87]

Lassen wir für einen Augenblick beiseite, dass dergleichen in Europa im Augenblick aus Datenschutzgründen nicht möglich ist – wobei die Schutzmauern zu bröckeln beginnen. Es reicht, dass es im mächtigsten Land der Welt möglich und technisch machbar ist. Aus den »Cataphora«-Selbstanpreisungen leiten sich zwei sehr wesentliche Informationen ab:

- Vernetzung heißt nicht mehr nur das Internet, wie wir es heute kennen, Vernetzung heißt alles, vom Heizungssensor im Wohnzimmer bis zum Handy bis zur Facebook-Seite – durch alles und mit allem werden wir gelesen.

- Firmen wie »Cataphora« trauen sich mithilfe ihrer Algorithmen zu, Kreativität zu bestimmen: Sie glaubt, durch Auswertung von E-Mails diejenigen Mitarbeiter zu identifizieren, die Generatoren und Sender von neuen Ideen sind.

Es wird aber noch mehr geschehen. Besser gesagt: Es geschieht schon. Programmierer werden in der Lage sein, auch solche Vorgänge in maschinenhafte Routinen zu übersetzen, die sich der Berechnung bislang widersetzten; spontane Einfälle, Assoziationen, unbekannte Reiserouten und die Frage, ob ein Konzert, das in einer Stunde beginnt, gut sein wird oder nicht.

Statt also das Internet immer nur wie einen großen Spielplatz zu betrachten, sollte man sich, rät Stephen Baker, lieber vorstellen, »wie die mathematischen Modellierer eines Tages an der Tür Ihres Arbeitgebers erscheinen werden, entweder als Phalanx blau gewandeter Unternehmensberater oder vielleicht in einem Computerprogramm codiert. Sie werden Sie fest ins Visier nehmen.«[88]

Denn so wie besagter Online-Buchhändler heute schon weiß, was Sie morgen interessieren dürfte, können die Leute bei großen Unternehmen wie beispielsweise IBM bereits bei in der Entwicklung befindlichen hochkomplexen Menschenbewertungssystemen kalkulieren, was jeder einzelne Arbeitnehmer mit seinen Fähigkeiten, Angewohnheiten, Launen und Krankheiten wert ist und in der Zukunft noch wert sein wird.

Jetzt, in dem Augenblick, da Sie dieses Buches lesen, werden gleichzeitig in allen großen Maschinenräumen unserer Gesellschaft die Fäden eines gigantischen Netzes gesponnen, und jeder Bewohner der digitalen Welt, ob mit Handy oder Laptop, spinnt eifrig an dem Netz jeder seiner Lebensinformationen mit: an den Arbeitsplätzen (über die wir gleich mehr erfahren werden), im Internet und in den Wissenschaften. Jedermann spürt den Grusel, den solche Möglichkeiten auslösen, und er steigert sich noch, wenn man an die Missbrauchsmöglichkeit von Seiten des Staates denkt. Aber es fällt Menschen schon sehr viel schwerer nachzuvollziehen, dass sie sich gar nicht gruseln werden, weil ihre Art zu denken sich längst mit den neuen Verhältnissen arrangiert hat, weil das Denken selbst sich verändert hat.

Die Systeme, die Baker beschreibt, zielen auf Profit, Konsum, Werbung. Aber gleichzeitig verändert sich ein anderes System: die Wissenschaft und damit sehr bald schon die Art, wie wir denken werden. Was hier geschieht, wird einem klarer, wenn man sich an Steven Strogatz' Bemerkung über die Mathematik erinnert und sie auf seine eigenen Lebensverhältnisse überträgt: Strogatz, wie wir gesehen haben, beschrieb, dass Mathematiker zwar Resultate komplexer Berechnungen noch überprüfen können, nicht aber die Beweisführung, und er befürchtete, dass daraus ein Autoritarismus entstehen könnte, der uns zwingt, den Computern zu glauben, ohne zu wissen, warum.

Das »neue Denken« entsteht dadurch, dass man mithilfe des unvorstellbaren mächtigen Daten-Inputs aller Menschen, die mithilfe der modernen Technologien reden, schreiben, kaufen, denken, sehen, gehen, fahren, fliegen, Türen öffnen und schließen, und der noch mächtigeren Algorithmen keine Modelle mehr benötigt, um sie zu analysieren, zu erklären oder zu deuten.

Solche Visionen sind realistisch, seitdem es kein Problem mehr ist, Datenmengen im Umfang vieler »Petabytes« (2 Petabytes entsprechen sämtlichen wissenschaftlichen Veröffentlichungen in den USA in einem Jahr) zu speichern, zu organisieren und miteinander zu verbinden. Man muss nur noch nach Korrelationen suchen, nach Übereinstimmungen und Zusammenhängen zwischen den Daten. Das ist gemeint mit der Veränderung des Denkens.

Es bedeutet, wie der Chefredakteur der Zeitschrift »Wired« Chris Anderson hellsichtig feststellt, nichts weniger als das Ende der Theorie, auch das Ende von Modellen. »Wer weiß, warum Menschen tun, was sie tun?«, fragt er. »Der Punkt ist: sie tun es, und wir können, was sie tun, mit nie da gewesener Präzision verfolgen. Wenn wir genug Daten haben, sprechen die Daten für sich selbst«.[89]

Konsequent hat Google-Chefentwickler Peter Norvig verkündet: »Alle Modelle sind falsch, und wir werden bald ohne sie auskommen können.«[90] Anderson begrüßt ein Denken, das nicht mehr nach Ursachen, sondern nach Korrelationen fragt. Doch er ignoriert, dass die Vernetzung der Daten auf mathematischen Gesetzen beruht, die die Dynamik einer selbsterfüllenden Prophezeiung annehmen können. Es existiert nur noch das, was sich »computen« lässt. Es existiert nur noch, was digitale Informationen liefert. Was nicht ins Innere des Rechnerhirns wandert, gibt es nicht und schließt sich aus der Gesellschaft aus.

Nicht ohne tiefe Faszination, aber auch mit ziemlichem Erschrecken muss man erkennen, wie dieser Prozess sich seit 2008 noch ein weiteres Mal revolutioniert hat. Damals gründeten etliche amerikanische Universitäten, IBM und Google »Cluster Exploratory«, eine Art paralleles wissenschaftliches Internet, das geniale Google-Technologie mit den Daten der Hochschulen und der Hardware von IBM vereinte: 1600 Prozessoren, viele Terrabyte an Speicher und ein besonderes Google-Verfahren, das den Zugriff auf Datenbanken revolutioniert, werden neue Zusammenhänge herstellen, zum Beispiel durch den Vergleich riesiger Mengen an Röntgenfotos, den Ausbruch von Epidemien, Ernteschäden – aber das ist nur die praktische Seite. Die ersten Projekte werden Hirnsimulationen sein und neurobiologische Berechnungen zwischen »wetware«, dem Menschen, und der »software«, dem Computer.[91] Niemand kann voraussehen, welche Erkenntnismuster diese Kalkulationen im Bereich der Sozial- und Politikwissenschaften, der Literatur, der Psychologie hervorbingen werden. Doch die Zeichen sind eindeutig: Es entsteht der »eine Computer«, und selbst der sonst so bedächtige George Dyson, der die Erfolge und die schalen Angebereien des Computerzeitalters durchschaut hat wie kein anderer, spricht in Anlehnung an Nietzsches Begriff vom Übermenschen vom »Über-Geist« (»overmind«) und notiert: »Es könnte sein, dass es das eigentliche Schicksal unserer Spezies ist, dass wir eine Intelligenz aufbauen, die sehr erfolgreich ist, egal ob wir sie verstehen oder nicht.«[92]

REZEPTE FÜR DAS ZERLEGEN UND ZUBEREITEN VON MENSCHEN

Wir werden vielleicht nicht Mr. Spock, aber wir werden von ihm gelesen.

Was liegt da näher als anzunehmen, dass die Art und Weise, wie der Computer für uns denkt, unserem Ich selbst entspricht?

Die unglaubliche Geschwindigkeit, mit der die Technologie sich entwickelt hat, führt zu einer der grundsätzlichsten Fragen überhaupt. Zu der Frage, wer man selbst überhaupt (noch) ist.

Die Tatsache, dass man sich immer häufiger als digitale Nachbildung im Netz begegnet, verändert das Selbstbild. Und hier ist nicht die Rede von gepiercten Avataren, also Spielfiguren, die man in »Second Life« animieren kann, und auch nicht von jenen Fabelwesen, deren Gestalt man in »World of Warcraft« annimmt.

Nein: Unsere digitalen Doppelgänger sind unsichtbar, sie speisen sich aus den Informationen, mit denen wir unsere Computer gefüttert haben, sie hausen in den Tiefen der Codes und melden sich, oft ohne dass wir es bemerken, wenn wir mit den Computern zu kommunizieren beginnen.

Da sie auf statistischer Analyse beruhen, können Computer sehr gut Gruppen analysieren, tun sich aber schwer bei dem Individuum. Problematisch wird es in dem Augenblick, wo der potenzielle Arbeitgeber, die Krankenversicherung oder man selbst tatsächlich glaubt, man sei der, der in den statistischen Daten abgebildet wird.

Denn was theoretisch für alle gilt, gilt eben, wie jeder weiß, der Wahlprognosen kennt, noch lange nicht für einen selbst. Das Beste, was diese Codes oder »intelligenten Agenten« leisten können, ist, uns die Vision eines Lebens zu geben, das von »jemandem-wie-ich-es-bin« gelebt wird. Es ist eine Annäherung an den Menschen, der wir nach mathematischer Wahrscheinlichkeit sein könnten – ein Verfahren, das in den Personalbüros der Welt, in den Krankenkassen und bei den Lebensversicherern längst gang und gäbe ist.

Diese Codes suggerieren, je länger man mit ihnen zu tun hat und je zuverlässiger sie zu arbeiten scheinen, eine totale Sicherheit, auch im Urteil über Menschen und im Urteil des Menschen über sich selbst. Die Personalabteilung von IBM ist dabei, eine Bewertung der Fähigkeiten seiner 300 000 Mitarbeiter durchzuführen. Arbeitnehmer werden, wie Stephen Baker es formuliert, »in kleine Stücke zerlegt«, das, was sie mit anderen gemein haben, wird ebenso erfasst wie ihre besonderen Charakteristika, dazu zählen ihre Kreativität und Dynamik, wie sie beispielsweise aus E-Mails ablesbar sind – nur ob sie unrasiert sind, ist in den Daten, die Baker zu Gesicht bekam, nicht verzeichnet.

Aber die Datenerfassung ist nur das eine. Das Entscheidende passiert, wenn diese Profile mit dem Datenmaterial von unzähligen anderen in Verbindung gebracht werden. Dann zeigen sich Logiken, Übereinstimmungen, Abweichungen und Tendenzen. Wenn ein heute fünfzigjähriger Arbeitnehmer unter Burnout leidet, aber mit 25 Jahren die gleichen persönlichen und sozialen Charakteristika eines 25-Jährigen von heute aufwies – was sagt das wohl über die Zukunft dieses 25-Jährigen? Hier wiederholt sich im Kleinen, was im Großen mit uns allen in den Netzwerken geschieht: die Verknüpfung und Berechnung individuellen Verhaltens mit dem Verhalten aller. Zwar taucht im Internet kein Chef auf, der uns eine Analyse oder eine Prognose stellt, aber wir selbst begegnen uns zunehmend als mathematisch berechnete Einheiten.

Es ist bezeichnend, dass in dem großen Menschen-Erfassungswerk der Personaldatenbanken von IBM nicht nur Software-Entwickler, sondern auch Psychologen, Anthropologen und Linguisten arbeiten.

Die Anthropologen sind laut Stephen Baker entsetzt von diesen Codes, weil sie glauben, dass sie menschliches Verhalten zu sehr vereinfachen. Denn die mathematischen Modelle verstärken den Glauben daran, dass Menschen berechenbar denken und handeln; wir tun es aber – glücklicherweise – nicht. Algorithmen unterstellen, dass jedes menschliche Verhalten durch Rezepte zu erklären ist. Doch wenn Menschen unvollständige oder widersprüchliche Informationen haben, wenn sie nicht wissen sollen, was tun oder wofür sich entscheiden, verlassen sie sich nicht auf Algorithmen, sondern auf Faustregeln und Intuitionen.

Wir gehen nicht unter, wenn wir die Faustregeln für mathematische Formeln nicht mehr kennen oder die Tricks, mit denen man Abkürzungen in der Stadt erkundet. Aber wenn wir die Faustregeln für uns selbst verlieren, verlieren Menschen das Gefühl dafür, wer sie sind. Nicht vollständige Information hilft, sondern das Bewusstsein, dass jede Information, die wir über Menschen bekommen, über uns selbst wie über andere, unvollständig ist.

Erst dadurch entsteht jene Form von Aufmerksamkeit, die nichts mehr mit den Kopfnoten in der Schule zu tun hat. Unsicherheit, das Gefühl, dass nichts so sein muss, wie es ist, und Perspektivwechsel wichtiger sein kann, als jede Information, sind, wie wir später sehen werden, das Rettungsboot in der Sturmflut der Informationen.

WENN MENSCHEN NICHT DENKEN

Ein mittlerweile berühmt gewordenes Experiment, das auch eine Parallele zu den schmeichelnden Computern aus der Stanford-Studie ist, fand vor ein paar Jahrzehnten in New York statt:

In einem Bürogebäude bildet sich regelmäßig eine Schlange vor dem Xerox-Kopierer. Die Wissenschaftler schickten an verschiedenen Tagen einen als Angestellten getarnten Studenten zu den Anstehenden. Dieser Student hatte den Auftrag, den Wartenden klarzumachen, dass er auf keinen Fall die Zeit hätte, sich hinten in der Schlange anzustellen. Und zwar gab er dafür an den unterschiedlichen Tagen zwei verschiedene Gründe an.

Der erste lautete: »Entschuldigung, ich muss mir Kopien machen, darf ich den Kopierer benutzen, ich bin nämlich in Eile …«

Im zweiten Fall war die Begründung eigentlich gar keine, zumindest war sie offenkundig absurd, nämlich: »Entschuldigung, ich muss nur fünf Kopien machen, darf ich den Kopierer benutzen, weil ich kopieren muss?«[93]

Obwohl im zweiten Fall die Information, die der Student lieferte, völlig sinnlos war, reagierten die Menschen nicht anders als im ersten Fall, in dem er zumindest Eile als Grund angab. In beiden Fällen wurde der Student vorgelassen.

Man könnte nun sagen: Die anderen Anstehenden belohnten den Studenten allein dafür, dass er mit ihnen in Kontakt trat, was sie als Zeichen von Dringlichkeit werteten. Aber das wäre ein bisschen sehr profan.

Denn tatsächlich waren, wie die Studien ergaben, die Reaktionen ein Resultat von Unaufmerksamkeit. Beziehungsweise ein Zeichen dafür, dass sie nach einem Drehbuch, nicht nach gesundem Menschenverstand handelten.

»Unachtsamkeit«, »Unaufmerksamkeit« oder »Geistlosigkeit« (»mindlessness«) ist inzwischen ein fest umschriebener Begriff der Sozialpsychologie. Es geht dabei nicht nur um Informationen, die wir bereitwillig annehmen, und auch nicht um solche, die wir ignorieren, weil sie irrelevant sind, sondern um solche, die wir ignorieren, weil wir glauben, dass wir sie bereits kennen.

Noch einmal: Die Frage, um die wir uns nun kümmern müssen, lautet nicht, was wir tun, wenn wir denken, sondern was wir tun, wenn wir *nicht* denken. Was geschieht, wenn wir routiniert auf Erfahrungen zurückgreifen, ohne über sie nachzudenken? Mit anderen Worten: Was geschieht, wenn unsere Aufmerksamkeit aufgefressen worden ist? Und warum geschieht es? Ist es dieser Zustand, den der Computer nutzt und verstärkt, ohne dass wir es merken?

Kurz gesagt: Ja, er ist es.

Unsere Aufmerksamkeit verschiebt sich zunehmend, und wir handeln nach einem »Skript«, einem Programm oder Drehbuch. Das heißt, wir verlassen uns auf erlernte Muster, reagieren nicht mehr spontan und wechseln in Gesprächen oder menschlichen Interaktionen nicht mehr oder zumindest zunehmend weniger die Perspektive.

Und statt also die relevanten Informationen zu sichten, reagieren wir voreilig und gedankenlos, indem wir vereinfachte »Skripte« aus unserer Erfahrung abrufen.

Solche Skripte beeinflussen unsere soziale Intelligenz, unsere Fähigkeit zur Empathie, aber auch, wie wir mittlerweile wissen, tatsächlich unsere intellektuellen Fähigkeiten, ja sogar unsere Gesundheit. Es sind also weder das Internet noch die Technologien, die Menschen verengen und verdummen, sondern unsere Angst vor Kontrollverlust und das daraus resultierende Handeln nach Skripten.

Wir haben gelernt, solche Automatismen für sehr nützlich zu halten: Nicht mehr über Dinge nachzudenken, Routinen zu entwickeln, macht nicht nur das Autofahren, sondern auch das Leben leichter. Allerdings spricht mittlerweile alles dafür, dass dies ein Trugschluss ist und nichts anderes als eine Erfindung des industriellen Zeitalters, das Menschen brauchte, die wie Maschinen funktionierten.[94]

Der britische Mathematiker – und einer der Väter der Informatik – Alfred North Whitehead hat die dazugehörige Ideologie stellvertretend für viele formuliert: »Zivilisation entwickelt sich in dem Ausmaß, in dem wir die Anzahl der Operationen ausdehnen können, die wir ausüben können, ohne über sie nachzudenken. Operationen des Nachdenkens sind wie die Kavallerie in Schlachten – sie sind zahlenmäßig begrenzt, sie benötigen frische Pferde und dürfen nur in entscheidenden Momenten eingesetzt werden.«[95]

Das ist nicht falsch, sofern wir selbst es sind, die entscheiden, was oder wem wir unsere Aufmerksamkeit zuwenden können. Es wird aber verstörend, wenn immer mehr Dinge unsere Aufmerksamkeit verlangen und wir nicht mehr wissen, was uns wichtig ist.

Das Beunruhigende ist, dass wir mittlerweile die Skripts der Informationsverarbeitung wie permanente Computerprogramme in fast alle Winkel unserer Seelen eingepflanzt haben. Stephen Baker ist alles andere als ein Romantiker. Auch kein Mann der Übertreibung. Er ist Ökonom und blickt sehr nüchtern auf die Vorteile und Nachteile unserer digitalen Zukunft, und wahrscheinlich haben wenige Außenstehende einen so tiefen Blick in die Maschinenräume der Computercodes geworfen wie er.

Doch auf meine Frage, ob er nach all dem, was er gesehen hat, glaubt, dass sich unsere Gehirne verändert haben und das Denken nach außen wandert, antwortet er: »Ja, ich glaube, dass das externe Gehirn, also das Netz, das wir alle nähren und von dem wir uns ernähren, das Hirn, das wir zwischen den Ohren tragen, dramatisch verändern wird. Wir werden künftig zwei Hirne nutzen. Eines in unseren Köpfen und eines in den Wolken. Und wir müssen herausfinden, wie wir zwischen den beiden unsere Fähigkeiten erhalten.«[96]

DER DIGITALE DARWINISMUS

Wer hat, dem wird gegeben

In unserer Gesellschaft überlebt nicht mehr, wie es früher – ebenso falsch – hieß, der »Tüchtigste«; sondern der Bestinformierte. Das jedenfalls gehört zu den wenigen Ideologien, die jedermann einzuleuchten scheinen. Gleichzeitig überrascht es, weil man ja weiß, wie banal die meisten Informationen sind, die einem den Kopf füllen.

Nur deshalb sind schnelle und immer schnellere Informationen so wichtig – weil der Bestinformierte einen Vorteil davon hat. Das gilt für den Nachrichtenkonsumenten, den Banker, den Politiker ebenso wie für das Facebook-Mitglied. Der Vorteil liegt auf der Hand: Es gibt Wissenschaftler, die ihre besten Informationen durch Links bei »Twitter« bekommen. Wir schaffen neuartige soziale Netzwerke ja deshalb, weil wir glauben, dass der Austausch von Informationen Vorteile bringt und »zur Stärkung sämtlicher sozialer Beziehung beitragen« kann.[97]

Wer weiß, wo die Butter billiger ist, hat einen Vorteil vor dem, der es nicht weiß. Wer weiß, dass Öl teurer wird, kauft rechtzeitig seinen Heizvorrat. Wer weiß, dass er bei Ebay das Kaffeeservice seines Lebens ersteigern kann, kann zuschlagen. Wer weiß, was in Kundus los ist oder wo eine neue wissenschaftliche Arbeit veröffentlicht wurde, kann sich mit diesen Informationen befassen und Auswirkungen auf sein eigenes Leben überdenken. Das ist freilich nicht mehr die Regel. Denn ganz anders sieht es aus, wenn unsere Aufmerksamkeit gelenkt wird, wenn wir eine Information nicht deshalb zur Kenntnis nehmen, weil sie uns wichtig ist, sondern weil sie anderen wichtig ist. Die Tatsache, dass immer mehr Menschen den Eindruck haben, nicht mehr zwischen wichtigen und unwichtigen Informationen unterscheiden zu können, lässt sich unmittelbar auf die neuen Technologien zurückführen.

Was ist an der Information, dass Boris Becker wieder geheiratet hat, so bedeutsam, dass sie uns einen Vorteil bringt? Sie gehört zu den Informationen, die für Menschen einen statistischen Wert haben. Wer weiß, dass gerade auf jedem zweiten Blog, in jeder Fernsehsendung und in den Zeitungen über die neuen Eskapaden von Paris Hilton berichtet wird, glaubt zu wissen, was die Welt, in der er lebt, beschäftigt. »Ich muss zwar nicht genau wissen«, sagte Daniel Hillis, »warum Paris Hilton so berühmt ist. Aber ich kann an der Gesellschaft nicht wirklich partizipieren, wenn ich nicht weiß, *dass* sie berühmt ist.«[98]

Das Problem liegt darin, dass die Suchmaschinen und News-Roboter, aber auch die Software der sozialen Netzwerke diesen Prozess verselbstständigen. Googles berühmter *page rank*, das Herz der Suchmaschine, ist ein Verfahren, das die Popularität einer Seite oder einer Nachricht dadurch misst, wie viele Links auf diese Seiten verweisen. Je mehr Links, desto höher wird sie gewichtet. Gehören diese Links selbst zu überdurchschnittlich gewichteten Seiten, steigt die Bewertung noch stärker an. Das Ergebnis sieht jeder, der die Suchmaschine nutzt. Man kann sagen, dass *page rank* Informationen mit einer Art Sozialprestige ausstattet: Auf wen gehört wird (die Links), der hat etwas zu sagen. Dabei ist den Algorithmen egal, was er sagt. Für Paris Hilton heißt das: Google kann nicht erklären, warum sie berühmt ist, aber weiß, dass sie berühmt ist und macht sie mit diesem Wissen noch berühmter. Der Philosoph Alexander Galloway hat darauf hingewiesen, dass *page rank* eine »hochpolitische Technologie« ist. Beim *page rank* entscheidet sich die Frage, wie Wissen mit Macht verbunden ist.

Der dramatische Effekt, der durch Technologien wie *page rank* eintritt, ist der »Matthäus-Effekt«. Der Name leitet sich aus den sprichwörtlich gewordenen Sätzen des »Neuen Testaments« ab: *»Denn wer da hat, dem wird gegeben werden, dass er Fülle habe; wer aber nicht hat, von dem wird auch genommen, was er hat.«* Mt. 25,29.

So zeigte der amerikanische Soziologe Robert Merton, dass bekannte wissenschaftliche Autoren immer berühmter werden, weil sie häufiger von anderen zitiert werden als unbekannte Autoren – selbst wenn diese womöglich zu den gleichen Ergebnissen gekommen sind. Das ist der Grund, warum beispielsweise Preise und Auszeichnungen überproportional immer an die gleichen Personen gehen.[99]

Seit Merton im Jahre 1968 dieses Phänomen an wissenschaftlichen Veröffentlichungen demonstriert hat, vergeht kein Jahr, in dem nicht in allen Lebensbereichen die Wahrheit des biblischen Satzes nachgewiesen wird. »Die Reichen werden reicher, die Armen ärmer« gilt bei Muskelaufbau und Denkvermögen, im Sport, in der Ökonomie, bei der Gesundheit, überall dort, wo die Gesetze der Evolution herrschen – und auch bei den erstaunlichen Karrieren von den Beatles bis Bill Gates, denen Malcom Gladwell mit seinen »Überfliegern« ein eigenes Buch gewidmet hat.

Je stärker die Informations-Flut, desto stärker sind wir auf Links angewiesen, die von den Algorithmen aufbereitet wurden. Der Matthäus-Effekt ist das Erbgut des Internets und aller digitaler Technologien: Wer Traffic hat, bekommt mehr Traffic, die Information, die viel Aufmerksamkeit anzieht (gemessen an Links), bekommt noch mehr Aufmerksamkeit, an die sich wiederum andere über Rückkoppelungen (Kommentare oder sogenannte »Trackballs«) anschließen wollen. Und er betrifft keineswegs die Informationen allein, sondern ist die DNA der gesamten Industrie: von Google über Amazon bis Microsoft sind Giganten entstanden, denen gegeben wird, was anderen genommen wird.

Wieso akzeptieren wir das, ohne an der angeblichen Freiheit des Netzes auch nur im Entferntesten zu zweifeln? Weil wir glauben, dass die Wege und Straßen, die uns im Netz und mit den Computern verbinden, mehr oder minder zufällig sind. Schließlich sind wir es ja, die dem Link folgen oder – als aktive User – durch einen Kommentar oder eine Information Aufmerksamkeit auf uns ziehen. Allerdings ist die Grundannahme eine Illusion. Die Vernetzung der digitalen Welt ist sehr viel kontrollierter und bürokratischer, als das selbst politisch sensiblen Zeitgenossen bewusst ist.

Der Grund unserer Blauäugigkeit liegt darin, dass wir uns unsere Bewegungen im Netz wie einen Spaziergang durch eine Stadt vorstellen: von Zufällen geprägt. Nicht nur glauben wir, dass wir grundsätzlich unserem freien Willen folgen, sondern auch, dass die Verlinkungen und Verweise, der Traffic genauso zufällig ist wie im wirklichen Leben. Man surft in der virtuellen Welt, so wie man über einen Marktplatz geht, zufällig Leute trifft, Unbekannte sieht, ein Auto vorbeifahren hört und ein paar Vögel fliegen sieht. Wir sehen Menschen in verschiedener Größe, aber nur selten fällt irgendjemand wirklich aus dem Rahmen und die 2-Meter-Menschen sind die absolute Ausnahme. Alles ist zufällig, aber alles bleibt in einem gewissen Rahmen.

Lange Zeit glaubte man, dass das auch im Internet gilt: Angesichts der fast unendlichen Fülle an Websites würde jeder mehr oder minder seinen eigenen Vorlieben folgen, sich mit seinen Interessen verlinken und mit den Menschen, die er mag, sodass am Ende eine sehr zufällige, demokratische und unkontrollierbare Struktur entsteht. Auch die Wissenschaft war über Jahrzehnte überzeugt, dass sehr komplexe Netze zufällig sind und so unberechenbar wie das Leben selbst. Aber seit den Forschungen des Physikers Albert-László Barabási müssen wir umdenken.

Er hat herausgefunden, dass die *gesamte* Struktur des Internets, sowohl was die Websites und ihre Inhalte als auch was die Hardware, die Router und Verbindungsstellen angeht, Machtgesetzen (»power laws«) folgt. Die mächtigsten Verbindungsstellen, Google oder Yahoo, verfügen über eine astronomische Anzahl von Vernetzungen, während die meisten anderen im Vergleich dazu nur auf ein paar wenige kommen.

Man muss es sich so vorstellen: Wenn wir über den Marktplatz gehen, kommen ab und zu ein paar Menschen vorbei, die hundert Meter groß sind.[100] Und auf sie ist alles zugeschnitten, die Straßen und Cafés, und von ihnen hängt alles ab. Das hat gewichtige Folgen. Es bedeutet nämlich, dass selbst Millionen Kommentare, die eine bestimmte Meinung äußern, nicht mehr repräsentativ sein müssen.

Googles *page rank* ist nicht nur eine Suchmaschine, sondern auch eine Machtmaschine. Er entscheidet mittlerweile über die Existenz von Menschen, Dingen und Gedanken.

Die Folgen dieses Effekts spüren alle, die damit beginnen, ihre Facebook-Accounts zu schließen, weil sie der Organisation eines ständig wachsenden Freundschaftsnetzwerkes nicht mehr gewachsen sind. Die Folge davon ist, dass man sozial nicht mehr exisitiert. Unfreiwillig deutlich haben das eine Reihe von Bloggern ausgesprochen, die im September 2009 ein Internet-Manifest veröffentlichten: »Links sind Verbindungen. Wir kennen uns durch Links. Wer sie nicht nutzt, schließt sich aus dem gesellschaftlichen Diskurs aus«.

Das war womöglich anders gemeint, aber es zeigte, dass unsere schöne neue Informationswelt von den Überlebensgesetzen Charles Darwins beherrscht wird.

Informavores rex – Der König der Informationsfresser

Entgeistert schauten unsere Vorfahren vor 120 Jahren in zoologische Lehrbücher, als Darwin als Erster die Abstammung des Menschen vom Tier verkündete.

Wir sollten heute in Lehrbüchern der Informatik nachschauen, wenn wir etwas über unsere geistige Abstammung erfahren wollen.

Es war der amerikanische Psychologe George Miller, der in Anlehnung an das lateinische Wort für Fleischfresser, *carnivores,* den Menschen in die Gattung der *informavores,* der Informationsfresser, einordnete.

In den Worten des Philosophen Daniel Dennett, der den Vergleich des menschlichen Denkens mit der Architektur von Computern am weitesten getrieben hat:

> *»Menschen sind nicht nur Fleischfresser. Sie sind in der Tat Informationsfresser. Und sie bekommen ihren Hunger nach Erkenntnis durch den sehr speziellen Hunger von Millionen von Mikro-Agenten, die in Dutzenden oder Hunderten oder Tausenden von Untersystemen organisiert sind. Jeder dieser winzigen Akteure … hat nur ein einziges Lebensziel, eine wieder und wieder gestellte Frage: ›Ist meine Nachricht jetzt angekommen?‹ ›Ist meine Nachricht jetzt angekommen?‹ – um bei einem JA die erforderlichen Maßnahmen einzuleiten.«*[101]

Inzwischen ist der Mensch zum *Informavores rex* mutiert, und seit es die digitalen Technologien gibt, ist jeder von uns auf Beutezug im Dschungel der Informationen. Wenn 2005 die Datenmenge, die der Einzelne pro Jahr produziert, einem Bücherstapel von 10 Metern entsprach, so werden es 2015 wahrscheinlich schon 100 Meter sein.

Von 1999 bis 2003, als das Internet noch winzig war, wuchs die jährlich gespeicherte Informationsmenge pro Jahr um dreißig Prozent. Wurden im Jahre 2003 noch 31 Milliarden E-Mails verschickt, so waren es im Jahre 2008 nach einer Berechnung der Radicati Gruppe bereits 210 Milliarden.

Es lässt sich also längst nicht mehr bezweifeln: Wir gehören zu einer Spezies, die Informationen nicht nur verschlingt, sondern sie auch sammelt und in ihre Vorratskammern legt.

Wenn Sie also verstehen wollen, warum Sie sich bei der Informationsaufnahme so gehetzt und gejagt, oft so wenig gesättigt und immer so ruhelos fühlen, dann sollten Sie das Bild vom Tierreich und den Hinweis auf den Darwinismus ernst nehmen. Wir haben Hunger. Wir jagen. Und da wir uns dabei nicht besonders wirtschaftlich anstellen, werden wir gefressen. Informationen sind Beute. Unsere Aufmerksamkeit und Energie ist die Beute der Informationen.

In den frühen neunziger Jahren hatten die Informatiker und Kognitionspsychologen Peter Pirolli und Steve Card in Palo Alto zum ersten Mal Berechnungen darüber angestellt, ob die Informationsaufnahme des Menschen mit der Nahrungssuche vergleichbar ist.

Pirolli forschte ein ganzes Jahrzehnt – in der Informatik ein seltener Fall, und hat nun seine spektakuläre Theorie der »Informations-Nahrungssuche« veröffentlicht.

Eines seiner Ergebnisse: Menschen benutzen bei ihrer Suche nach Informationen unbewusst die gleichen Strategien wie nahrungssuchende Tiere, denn in unseren Hirnen sind die Tricks und Kniffe, wie man an Nahrung kommt, seit Millionen Jahren geradezu eingebrannt.

Das unumstößliche Gesetz der freien Wildbahn lautet: Verbrauche nie mehr Energie bei der Suche nach Nahrung, als die Nahrung dir an Energie gibt. Ein Löwe, der permanent Mäuse jagt und dabei den Büffel übersieht, verhungert. Ein Löwe, der sich mit einem Elefanten anlegt, hätte zwar eine Mahlzeit für Wochen, aber der Energieaufwand und das Risiko wären zu groß.

Zwar wandern wir nicht durch die Wüste, aber wir bewegen uns in einer Informations-Umgebung, die alle Merkmale eines ökologischen Systems aufweist. Für uns steht fest, dass wir Informationen zum Überleben brauchen.

Tiere wollen nicht gern die Mahlzeit anderer Tiere werden. Doch anders als im Tierreich gieren die Computer geradezu danach, dass wir uns mit Informationen füttern, ihre Beute erlegen und uns an ihr mästen.

Wir müssen uns das Ganze nun so vorstellen, als säßen wir gar nicht vor unseren minimalistischen Apple-Computern, sondern als Jäger in der Savanne, in der wir auf unsere existenziellsten Bedürfnisse zurückgeworfen sind, und der Kampf um die Nahrung der Kampf um Information ist.

Wir stehen also inmitten dieser Urlandschaft und nehmen Witterung auf. Wir müssen in unserem Habitat Nahrung entdecken und die Kosten und Nutzen der möglichen Beute abwägen. Wir dürfen nicht in die Irre geführt werden, und der Aufwand an Energie, den uns die Jagd oder das Sammeln kostet, muss in einem vernünftigen Verhältnis zu der Energie stehen, die wir gewinnen.

Ist die Witterung stark, weil wir uns ganz in der Nähe unserer Beute befinden oder weil die Windrichtung stimmt, finden wir das Ziel. Ist sie schwach, wandern wir ziellos umher. Doch immer gilt: Die Aufmerksamkeit, die wir der neuen Information widmen, muss sich bezahlt machen. Tut sie das nicht, verhungern wir.

Allerdings haben wir, die Jäger der Informationsgesellschaft, mit unserem Jagdverhalten einen gravierenden Nachteil im Vergleich zu den wilden Tieren: Unsere Instinkte funktionieren zusehends schlechter, da die Ablenkung immer größer wird. Wir sind wie der domestizierte Löwe, der Mäuse jagt, weil er nie sicher ist, ob sich nicht doch ein Büffel in ihnen versteckt. Deshalb bewegen wir uns in der Informations-Nahrungskette mit unersättlichem Hunger, immer in Gefahr, unsere Aufmerksamkeit und Energie für nichts und wieder nichts zu verschwenden.

Wir modernen Menschen stehen ständig vor der Frage: Ist diese oder jene Information wert, gelesen zu werden, oder frisst sie unsere Aufmerksamkeit (unsere Energie) auf, ohne dass wir von ihr profitieren?

Achten Sie darauf, wenn Sie das nächste Mal im Zentrum aller Informationsangebote von Internet, Handy und E-Mail stehen: Das Problem ist nicht, dass keine Nahrung da ist. Das Problem ist, dass wir niemals wissen, was uns diese Informationen jeweils an Aufmerksamkeit kosten und ob wir nicht auf Dauer ein Minus-Geschäft machen, das zu Auszehrung, Vergesslichkeit und dem Gefühl allmählicher Verblödung führt.

Witterung und Futtersuche

Evolutionsbiologen und Ökologen haben bereits in den sechziger Jahren mathematische Modelle entworfen, die die optimale Vorgehensweise berechnen, mit der ein Raubtier in einer unübersichtlichen Umgebung nach Beute sucht. Peter Pirolli macht nichts anderes, als diese Modelle, die wie ökonomische Formeln zur Gewinnsteigerung aussehen, in die Software zu übertragen. Welchen »Duft« muss beispielsweise die Information verströmen, damit wir ihre Witterung aufnehmen?

Die Informatiker bedienen sich für den »Duft« ihrer Informationen mathematischer Modelle. Sie benutzen dabei weitverbreitete und anerkannte Verfahren der Psychologie, die auf der computerbasierten Simulation von geistigen Prozessen bei Planung, Lernen, Wahrnehmung und Sprache beruhen.

Im Ergebnis, so Pirolli, berechnen sie, wie der Geist Vorstellungen und Assoziationen miteinander verbindet: »Der leichte Hauch eines Parfüms erinnert Sie an Ihre Freundin, dann an den Anlass, als sie es trug, den Geschmack des Weines, den Sie tranken und so weiter. Ein Reiz, das Parfüm, weckt eine gleichsam schlafende Vorstellung in Ihrem Kopf …

»In den letzten 35 Jahren haben wir gelernt, eine mathematische Theorie zu entwickeln, wie das genau funktioniert. Wir haben computergestützte Techniken, die uns erlauben herauszufinden, wie Reize in der Welt Vorstellungen im Kopf erzeugen und wie jede Vorstellung eine andere auslöst. Für die Kommunikation zwischen Mensch und Computer berechnen wir, wie bestimmte Schlüsselreize, zum Beispiel auf Websites, Vorstellungen im Hirn erzeugen und welche Schlüsse der Benutzer aus diesen Assoziationen zieht.

»Das Faszinierende ist, dass wir jetzt Software schreiben können, die Modelle unserer Assoziationen und unseres Gedächtnisses berechnen und dadurch Vorhersagen darüber machen können, wie Menschen auf bestimmte Reize am Computer reagieren.«[102]

Entscheidend für alle, die Informationen senden und diejenigen, die sie empfangen, ist die Frage, wie unter den Millionen von Nachrichten und Informationen die richtige es schafft, zu uns durchzudringen. Wir wollen nicht alle Hotels, sondern das eine, das zu unseren Vorstellungen passt. Wir wollen nicht alle Kommentare, sondern den einen, der uns die Augen öffnet.

Informationshungrige Menschen erwarten, dass jeder Klick ihnen das Gefühl gibt, ihrem Ziel näher zu kommen. Wenn die Seite, die der Klick aufruft, sie unsicherer macht oder ihnen gar das Gefühl vermittelt, im Kreis zu laufen oder gar sich von der Beute zu entfernen, werden sie die Jagd nach dieser Beute aufgeben und sich eine andere suchen.

Die Information, die uns per E-Mail, SMS oder Twitter erreicht, und die Information, die wir im Netz suchen, konkurrieren dabei mit allen Informationen, die wir in der wirklichen Welt aufnehmen. Aber seit ungefähr zwei Jahren, mit der dramatischen Zunahme der neuen Informationstechnologien, beginnen die virtuellen Informationen die der wirklichen Welt zu überrunden, mehr noch: Sie können sich die unliebsame Konkurrenz aus der wirklichen Welt immer besser vom Hals halten – wenn der Körper beispielsweise die Information sendet, dass drei Stunden am Bildschirm genug sind und man trotzdem noch weitere drei Stunden vor dem Schirm sitzen bleibt. Wenn das Hirn durch zunehmende Blackouts meldet, dass Multitasking nicht funktioniert, und die Arbeitswelt immer noch mehr Multitasking verordnet.

Pirolli hat im Jahre 2007 in einem Experiment mit einigen Studenten der Stanford-Universität die Strategien der Informationsjagd analysiert. Konnten die Studenten bei der gesuchten Information anhand der Schlüsselbegriffe eine starke Witterung aufnehmen, gingen sie zielstrebig vor; war die Witterung schwach, weil die Schlüsselbegriffe fehlten, wanderten sie zunächst ziellos in der Informationsflut umher. In einem daraufhin erstellten mathematischen Modell stellte Pirolli fest, dass unsere Informations-Futtersuche ziemlich genau dem Verhalten dieses Tieres entspricht:

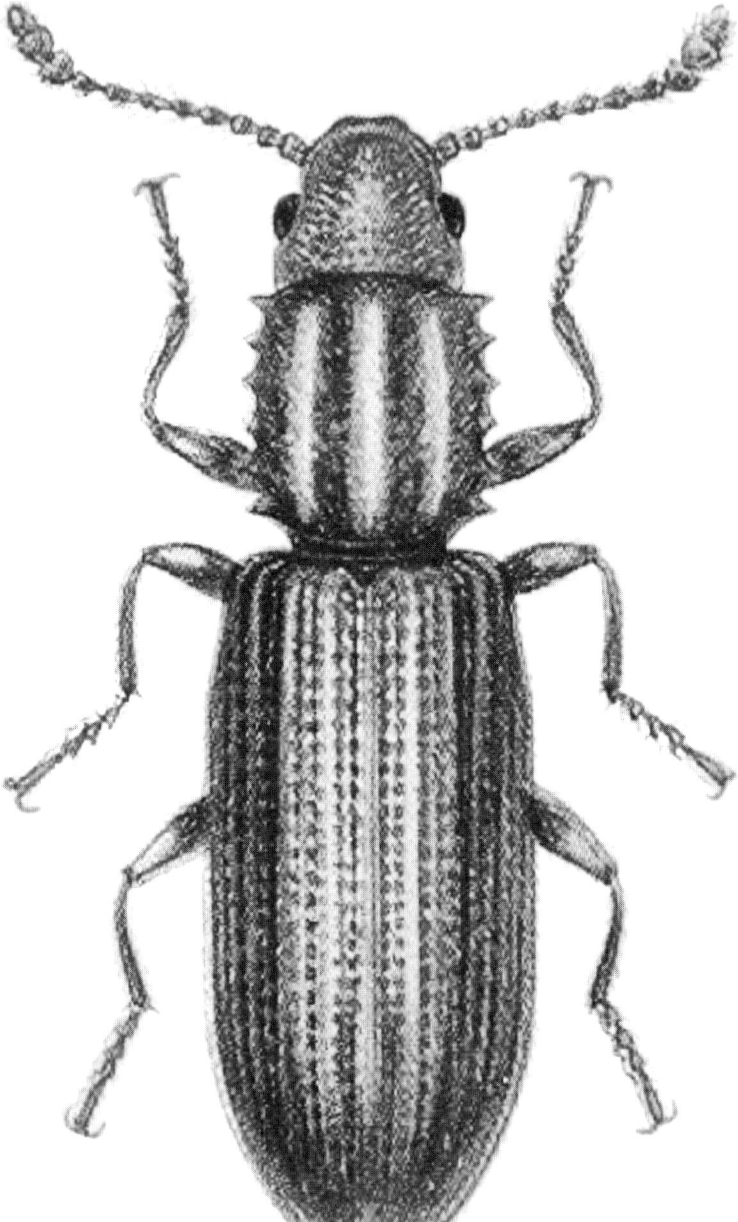

Das ist der Getreideplattkäfer, auch Oryzaephilus surinamensis, ein gut erforschter Vorratschädling, der besonders an Korn und Mandel geht und sich gut auf Verlockungen versteht. Wir Informations-Fresser werden von der Witterung der Informations-Nahrung mathematisch angelockt, wie der männliche Getreideplattkäfer, der den Sexual-Duftstoff des Weibchens wittert.[103] Und ehe Sie jetzt aussteigen und die Verwandtschaft mit Käfern leugnen, sollten Sie wissen, dass Google die Strategien der Informations-Witterung von Oryzaephilus in seine Algorithmen einbauen wird.[104]

Pirollis Erkenntnisse haben nicht nur Folgen für die Suche nach Informationen. Sie erklären auch unsere elementare, fast existenzielle Ungeduld, obwohl die Systeme heute doppelt so schnell sind wie noch vor drei Jahren.

Erwachsene reagieren panisch, wenn eine Website nicht erreichbar oder eine Nachricht auch nur Sekunden verspätet eintrifft, und sie legen großen Wert darauf, dass eine Googlesuche schneller ist als ein Augenblinzeln. Ihre Verhaltensweisen ähneln Tieren, die Angst haben, dass man ihnen die Nahrung wegnimmt, weshalb immer mehr User sich einen fortlaufenden Nahrungsstrom durch Nachrichten-Feeds und Ähnliches einrichten.

Jugendliche, die bei Studien experimentell beim Herunterladen von Musik-Dateien mit minimalen Verzögerungen konfrontiert wurden, in denen der Computer vorgab zu prüfen, ob die gewünschte Datei oder CD noch verfügbar sei, gerieten in eine physiologisch messbare Mini-Panik und suchten einen anderen »Nahrungsplatz«.

Man sagt, die wahren Autoren unserer Existenz sind heute nicht mehr Schriftsteller, sondern die Informatiker.

Unser Austausch zwischen uns und den Mikroprozessoren folgt einem Drehbuch, das wir nicht kennen und das uns doch immer enger zusammenschweißt, wobei vielleicht von Schweißen in diesem Zusammenhang nicht mehr die Rede sein kann. Wir werden in Fragen der Entscheidungsfindung, des Multitaskings und der Informationssuche neuronal mit dem Netz verbunden.[105] Peter Pirolli, einer der Autoren dieser neuen Art von »Literatur«, ist alles andere als ein Dunkelmann. Er ist ein liberaler Intellektueller, der sich sehr dafür engagiert, dass die digitalen Technologien auch den Armen zur Verfügung stehen. Er setzt sich für Medienkompetenz und Bildungsangebote für Unterprivilegierte ein und er handelt, wie viele, die aus dem Netz eine Rechenmaschine menschlichen Verhaltens machen: Er erkennt, dass die Informationsüberflutung gar keine andere Möglichkeit lässt, als dem Hirn Aufgaben abzunehmen, die es selbstständig nicht mehr leisten kann. Ich sehe in ihm einen der Autoren, die die Drehbücher für unser nach außen gewandertes Denken schreiben werden.

Wir werden immer mehr Schriftsteller unserer digitalen Existenz bekommen und viele von ihnen gar nicht als solche erkennen. Was unterdessen mit unserer Innenwelt geschieht, dafür fehlen uns im Augenblick womöglich noch die wirklichen Schriftsteller unserer Existenz.

Aber Franz Kafka ist der Schriftsteller, der aus literarischer Sicht das Ur-Programm all dieser kognitiven Veränderungen geschrieben hat.

Ich habe die geistige Transformation, die ich empfinde, zu Beginn dieses Buches mit dem der wundersamen Verwandlung des Menschen Gregor Samsa in einen Käfer beschrieben. Kafka hat eine neue Sichtweise auf die Welt erschaffen, eine, die – wie man bis heute bewundernd feststellen kann – tatsächlich ohne irgendwelche Vorbilder war:

> *»Als Gregor Samsa eines Morgens aus unruhigen Träumen erwachte, fand er sich in seinem Bett zu einem ungeheueren Ungeziefer verwandelt. Er lag auf seinem panzerartig harten Rücken und sah, wenn er den Kopf ein wenig hob, seinen gewölbten, braunen, von bogenförmigen Versteifungen geteilten Bauch, auf dessen Höhe sich die Bettdecke, zum gänzlichen Niedergleiten bereit, kaum noch erhalten konnte. Seine vielen, im Vergleich zu seinem sonstigen Umfang kläglich dünnen Beine flimmerten ihm hilflos vor den Augen.«*

Die Sätze, mit denen seine berühmteste Erzählung »Die Verwandlung« beginnt, sind nicht nur schauderhaft-schön, sie beschreiben eine körperliche, vor allem aber auch kognitive Verwandlung, einen Menschen, der nicht nur die Welt anders sieht als zuvor, sondern von der Welt auch anders gesehen wird.

Ich hätte bei Pirollis Krabbeltier vielleicht noch gezögert, Kafka und die Verwandlung des Menschen in einen Käfer zu zitieren. Aber dann veröffentlichte Pirolli 2007 in seiner Theorie diese Grafik:

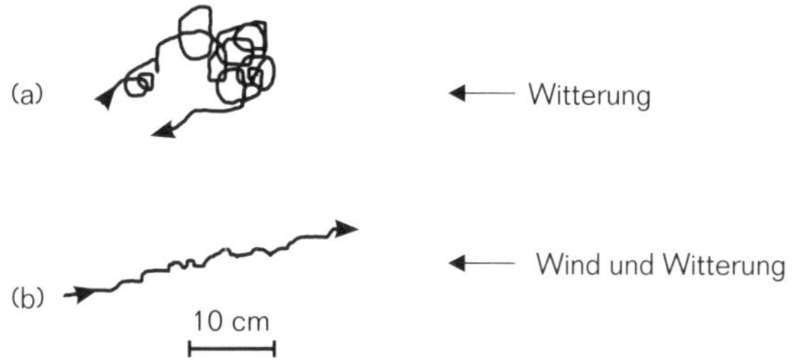

Sie zeigt im oberen Teil das Verhalten des Käfers, wenn er den Sexualduftstoff wittert. Die zweite Zeichnung zeigt sein Verhalten, wenn ihm durch einen Windhauch die Suchrichtung erleichtert wird. Bei Menschen, die im Internet suchen, sieht man ein identisches Verhalten, wenn die Witterung wie bei (a) schlecht ist, oder wie bei (b) gut, weil Algorithmen die Rolle des Windes übernehmen.

Es geht hier eindeutig nicht mehr um das Verhalten am Fernsehschirm, wo wir allenfalls das nächste Programm suchen. Wenn wir im Netz oder am Handy nach Informationen und Antworten suchen, werden Urinstinkte mobilisiert, und das ist einer der seltenen Fälle, wo unser Urmenschentum perfekt in die Interessen der Informationsindustrie des 21. Jahrhunderts passt.

Die Art, wie Tiere nach Nahrung suchen, entspricht nicht nur unserem ständigen Wittern nach Informationen. Forscher der Universität Idaho haben herausgefunden, dass wir sowohl in der Außen- wie in unserer Innenwelt vor allem zwei Strategien kennen, um zum Ziel zu kommen – und beide erklären dieses Gefühl ständigen Getriebenseins.[106]

Peter Todd und Robert Goldstein nutzen die Unterscheidung zwischen »erforschender« oder streunender Nahrungssuche und »ausbeutender Suche« – im ersten Fall flitzen wir von einem Platz zum anderen, von einer Aufgabe zur nächsten. Bei der »ausbeutenden Suche« bleibt der Suchende, selbst wenn er dabei verzweifelt, so lange an einem Ort oder bei seiner Aufgabe, bis er einen Nutzen hat, bis er noch den letzten Tropfen aus der letzten Zitrone gepresst hat.

Sie können leicht herausfinden, zu welchem Typ Sie im wirklichen Leben gehören. Es gibt Leute, die so lange in das gleiche Restaurant gehen, bis sie zum Inventar geworden sind. Andere erforschen auf ihrer Futtersuche jedes einzelne neue Restaurant, bis sie die ganze Welt durch die Küche kennen.

Aber was im wirklichen Leben fast ein Spiel ist, erwischt uns im Netz und bei unseren Handys mit der ganzen Gewalt eines unstillbaren Verlangens. Die Aufnahme von Informationen über die Computer hat nichts mit der im Vergleich dazu harmlosen Erforschung von Kneipen zu tun – obwohl man auch nach diesen Informationen im Netz sucht. Dort scheint diese Suche tatsächlich fundamentalen biologischen Überlebensmustern zu folgen. In Zeiten, wo bei vielen selbst die Erinnerung an Nahrungsknappheit verblasst, zeigt sich, dass das, wonach wir wirklich hungern, Informationen sind.

Im Extremfall führt der ausbeutende Stil zu Aufmerksamkeitsdefizitsyndromen, der erkundende Stil zu Zwangsstörungen. Todd und Goldstein schreiben:

»Diese Erkenntnisse haben wichtige Folgen für jüngste Studien über Neurochemie und kognitive Störungen. Ausbeutende und unaufmerksame Nahrungssuche … scheint eine Verringerung von Dopamin im Hirn zu bewirken. Viele Aufmerksamkeitsstörungen … haben aber auch mit einem Dopamin-Defizit zu tun. Diese ›Nahrungssuche‹ am Computer hat weitreichende Folgen für das Denken.«[107]

Der Glücksstoff Dopamin wird bei der Internet-Suche freigesetzt, wenn wir etwas finden. Und je öfter wir etwas finden, desto mehr suchen wir aus Verlangen nach dem nächsten Domain-Kick. Doch je zielloser die Suche, desto stärker werden die gegenteiligen Effekte. Es ist klar, dass die gegenwärtige Architektur des Internets und der mobilen Geräte die streunende Suche erzwingt. Und es ist das Ziel der Programmierer, die Signale zu entschlüsseln, die wir für unsere Witterung benötigen.

Das können Orte, Farben oder auch Geräusche sein. Wassertümpel verheißen Antilopen für Löwen, Gelb verspricht Honig für die Bienen, und bestimmte Vibrationen verraten den Schlangen, dass Beute in der Nähe ist.

Menschen reagieren stark auf Landschaften und Vegetation, und am stärksten auf Bilder der Savanne. Dort gibt es genügend Nahrung, Bäume spenden Schatten, und man kann an ihnen auf der Flucht vor Raubtieren hochklettern, die Sichtachsen sind gewaltig und erstrecken sich bis zum Horizont, und die sanften Steigungen helfen bei der Orientierung.[108]

Die Savanne aber ist urgeschichtlich der Ort, wo der Mensch gelernt hat, Informationen zu sammeln. Schon dreijährige Großstadtkinder, die kaum laufen, geschweige klettern können, bevorzugen Bäume mit weiten Kronen, weil man »gut hochklettern kann«, »vor dem Löwen sicher ist« und »Schatten findet«.

Wie gesagt: Menschen, ob Erwachsener oder Kind, entscheiden sich, wenn ihnen Ansichten verschiedener Landschaften zur Auswahl gezeigt werden, mehrheitlich für Bilder der Savanne. Und nicht nur das: Wir finden dort sogar einen bestimmten Baum besonders anziehend, ohne sagen zu können, warum.

Es ist der Typ Schirmakazie, deren Krone besonders nah am Boden wächst. Diesen Baum gibt es in drei Variationen. Eine, die im Trockenen wächst, eine, die im Sumpf wächst und eine, die dort wächst, wo sich Wasser und Leben findet.

Die Akazie, die nun alle Menschen auf der Welt am meisten anzieht, ohne dass sie je auf Nahrungssuche oder auch nur in Afrika waren, ist die, die auf Wasser und reiche Nahrung hindeutet. Sie wurzelt in unserem Urgedächtnis, sie wandert als Bild des Schönen in die Gartenkunstideale des 18. Jahrhunderts, wo sie gezeichnet und gemalt wird, von dort in die Auktionshäuser des 20. Jahrhunderts, wo die Bilder hohe Preise erzielen, und nun erobert sie als auf den puren Reiz reduziertes Gerippe die Software des 21. Jahrhunderts.

Das alles ist Leben. Und interessant wird es dadurch, dass die

DER SCRABBLE-TEST/

Das Suchverhalten hängt von den Erfahrungen der Umwelt ab. Forscher ließen Testpersonen ein Computerspiel spielen, in dem sie nach Nahrung suchen sollten. Eine Gruppe bekam eine Umgebung, in der es wenige, aber dafür sehr lohnende Nahrungsvorkommen gab. Das war die ausbeutende Variante. Die Teilnehmer blieben folglich länger an einem Ort und zwar so lange bis die Nahrungsmittel restlos ausgebeutet waren. Die andere Gruppe musste sich in einer Wildnis zurechtfinden, in der Nahrungsmittel viel häufiger, aber in sehr viel kleinerer Menge vorkamen. Sie erlebte also die erforschende Such-Variante, weil sie immer nur kurz an einem Ort bleiben konnte und sich die verstreute Nahrung zusammensuchen musste. Diese Erfahrung reichte aus, um bei einem sich anschließenden »Scrabble-Spiel« das Suchverhalten der Testpersonen nachhaltig zu beeinflussen. Die Wissenschaftler gaben ihnen eine Reihe von Buchstaben und die Aufgabe, mithilfe ihres Wortgedächtnisses – also ohne die Steine wirklich auf das Spielfeld zu legen – aus den Buchstaben Worte zu bilden. Anders als beim wirklichen Scrabble durften die Testpersonen so oft Steine austauschen, wie sie wollten. Im Ergebnis waren diejenigen, deren Neuronen auf »Ausbeutung« gedrillt worden waren, konzentrierter beim Scrabble und versuchten so wenig Buchstaben zu tauschen wie nötig. Die anderen waren unruhig und rastlos damit beschäftigt, die Buchstaben umzutauschen. Die meisten Menschen sind, wie die Wissenschaftler herausfanden, auf eine Art des Suchverhaltens programmiert. Was für Nahrungsmittel gilt, gilt ebenso für Ideen und Gedanken.[109]

Entwickler dieses Leben nun in die Computerprogramme einbauen wollen, um unsere vererbten Reaktionen zu nutzen. Denn die Ingenieure sind gerade dabei, das mathematische Äquivalent solcher Akazien in die Software zu pflanzen. Es sind Signale, die dem vom Hightech-Burn-out verglühenden Benutzer Wasser und Schatten versprechen. Ohne Zweifel wird es uns wirklich die Informationssuche erleichtern. Diese Signale werden Webseiten verbessern und Suchvorgänge erleichtern. Gleichzeitig bedeutet es, einen weiteren Schritt Darwins ins Reich unseres Denkens.

Die Einordnung dieses Prozesses durch die moderne Evolutionsbiologie erklärt, warum dieser unschuldige Vorgang der Informationsverarbeitung, des Surfens, der Angst, Nachrichten zu verpassen, der Erreichbarkeit so atemlos und zermürbend sein kann wie die Flucht vor dem Säbelzahntiger.

Das beschreibt eine moderne Variante des Kampfs ums Dasein, und schaut man ins Internet, in seine Streitereien über sterbende und neue Medien, Institutionen und Autoritäten, dann erkennt man, wie sehr der Darwinismus Teil der neuen Informationsgesellschaft geworden ist. Die einen, könnte man sagen, sind den geistigen Anforderungen nicht mehr gewachsen, die anderen surfen auf der Welle der siegreichen Art davon.

Doch das ist nicht die ganze Wahrheit. Wir sammeln ja nicht nur Informationen, wir werden selbst Informationsmaschinen, leicht angestaubte Computer mit Gefühlen.

Lebensraum und Jagdrevier

Wir haben gesehen, dass immer mehr Menschen das Unterscheidungsvermögen dafür verlieren, was wichtig ist und was nicht. Wir wissen nur, was uns satt macht und was uns hungrig lässt. Aber das Ungeheuerliche an diesem Vorgang ist: Während die

Menschen die Unterscheidungsfähigkeit verlieren, versuchen Softwareingenieure auf der ganzen Welt, sie den Maschinen beizubringen. Während wir aus Nachrichten bloße Informationen und aus Informationen einförmige Daten machen, lernen die Computer, den umgekehrten Weg zu gehen.

Das ist ein weiterer Schritt zur freiwilligen Maschinenwerdung des Homo sapiens. Auf dem Weg dahin werden in der nächsten Generation der Suchroboter, der Agenten und der Plattformen nicht mehr nur Links und *page ranks* zählen, sondern tatsächlich versuchen, Bedeutung zu gewichten.

Um das Wichtige vom Unwichtigen zu unterscheiden, müssen die Computer etwas von uns lernen, was uns selbst meist gar nicht bewusst ist: Die Art und Weise, wie wir mit Worten, Bildern, Gerüchen Assoziationen und Gedanken verbinden, kurz – unser assoziatives Gedächtnis erfassen, ausmessen und in Mathematik verwandeln.

Assoziatives Gedächtnis, von dem Pirolli am Beispiel des Parfüms seiner Freundin sprach, ist ein abstrakter Begriff für etwas, das jeder kennt. Was fällt Ihnen beispielsweise beim Begriff »Feuerwehr« ein? Den meisten Menschen spontan »tatütata« oder »rot«. Wir verknüpfen, wie Karl Haberlandt in seinem Standardwerk über das Gedächtnis schreibt, »einzelne Gedächtnisinhalte aufgrund früherer Erfahrung so miteinander, dass der eine Inhalt den anderen hervorruft«.[110] Das kann, wie gesagt, ein Parfüm oder auch eine Musik sein, Gedanken, Gefühle, Berührungen, und es ist das, was Maryanne Wolf mit der »inneren Stimme des Lesers« meint.

Und diese, unsere!, Assoziationen können bereits berechnet und vorhergesagt werden. Gewiss noch unausgereift und fehleranfällig, gewiss erst in Ansätzen. Doch unter allen Superlativen des Informationszeitalters ist dieser, so scheint mir, der wichtigste, dessen sich jeder aufgeklärte Benutzer der neuen

Technologien bewusst sein sollte. Im Kern versucht also die Software unsere Gedanken vorherzusagen.

Vielleicht hält sich die Aufregung darüber in Grenzen, weil es Computer-Theorien des assoziativen Gedächtnisses, deren sich nicht nur Pirolli, sondern auch die Suchmaschinen im Netz bedienen, schon seit den siebziger Jahren gibt.

Seither bewegen sich Millionen von Menschen im Internet. Das hat dazu geführt, dass die Computer recht gut darin geworden sind, die Stärke der Verbindung zwischen Assoziation und geistiger Vorstellung zu berechnen, nicht für jeden einzelnen Menschen, aber als Durchschnittswert.

Das gelingt deshalb immer besser, weil das ganze Internet eine Art Lebensraum aus Worten geworden ist. Der Lebensraum spiegelt die Gedanken der vielen Menschen, die in ihm wirken, aber die Gedanken des Einzelnen spiegeln auch die Landschaft, in der er sich bewegt. Was für die Trachten der Bayern, den Dialekt der Sachsen, die Lebensart der Italiener oder die Küche der Franzosen gilt, gilt eben auch hier.

Eine umfangreiche mathematische Analyse Ihrer Bewegungen, Spuren und Angaben im Netz – in den Blogs, in Facebook, in Twitter, vielleicht sogar irgendwann in Ihren E-Mails – kann die Verbindung zwischen dem freilegen, was die Worte bedeuten, und was wir mit den Worten assoziieren. Das ist es, womit »Cataphora« arbeitet, wenn sie die E-Mails scannt, und es ist das, was uns bald lesen wird, wenn wir im Netz lesen.

Die Auswertung und Analyse unserer Assoziationen, die unsere Aufmerksamkeit im Netz und in allen anderen Informationssystemen lenken und erleichtern soll, halte ich für einen der gravierendsten Vorgänge der aktuellen Entwicklung.

Auch hier geht es ja darum, der überforderten Aufmerksamkeit einen Ausweg zu eröffnen. Wir sollen schnell finden, was wir wissen wollen. Wir sollen aber vor allem gefunden werden.

WO FÄNGT DER COMPUTER AN, WO HÖRT DAS HIRN AUF?

Die fast unbeantwortbare Frage, vor der nun die Menschen hinter Google, Xerox oder Microsoft stehen, lautet: *Wie kann man die gefährdete Aufmerksamkeit lenken, ohne Aufmerksamkeit zu manipulieren?*

Da es der Mensch nicht mehr kann und womöglich angesichts der Informationsfülle nie mehr können wird, *müssen* es ja die Maschinen übernehmen.

Doch wie gehen wir, wie gehen die Kinder des digitalen Zeitalters damit um, wenn die Fantasie aus dem wilden Urwald der Bücher in eine berechenbare und berechnete Disney-Savanne verpflanzt wird? Diese Frage ist umso berechtigter, als in den Kreisen der Entwickler eine Veröffentlichung aus der seriösen Wissenschaftszeitschrift »Science« aus dem Jahre 2008 für fortdauernde Erregung sorgt.

Die Arbeit mit dem Titel »Vorhersage der menschlichen Hirnaktivität in Verbindung mit Hauptwörtern« gilt selbst bei Skeptikern als vielversprechender neuer Forschungsansatz. Unter Verwendung von 3 Milliarden Worten aus den Google-Datenbanken (und finanziert von Yahoo) konnten die Forscher vorhersagen, auf welches Hauptwort eine Person blickte, indem sie die Hirn-Aktivität der betreffenden Personen maßen.

Computer können also bereits, wenn auch im Augenblick nur für einfache Dinge wie Hauptworte, menschliche Bedeutungs-Assoziationen sichtbar machen, ja unser Hirn »lesen«, und wir können vorhersagen, welche Teile des Hirns bei welchem Wort, bei welcher Bedeutung eines Wortes aktiviert werden. Mit anderen Worten: Bald wird nicht mehr auseinanderzuhalten sein: Wo hört der Computer auf – und wo fängt das Hirn an.

Führt diese Ununterscheidbarkeit nun zum berechneten Menschen, zur Roboterisierung unseres Denkens und Fühlens, oder werden die Maschinen durch Mathematik anschmiegsamer und emotionaler? Nicht nur bei Pirollis Forschungen, fast überall stoßen wir darauf, dass der Computer, den wir vor uns haben, ganz gleich ob er mit dem Internet verbunden ist oder nicht, dass unser Handy, der Blackberry, sogar das Navigationssystem im Auto sich konkreter, in Mathematik verwandelter psychologischer Erkenntnisse bedienen.

Der Computer soll sich mit uns gewissermaßen wie mit einer fremden Spezies unterhalten. Aha, soll das Rechnerhirn denken, so tickt der Mensch, er mag schimmernde Dinge, weil sie ihn irgendwo in den Tiefen seiner urzeitlichen Seele ans Wasser erinnern. Also geben wir ihm ein paar schimmernde Dinge.

Was spricht dagegen, kann man sich fragen, wenn die Computer von uns lernen? Wenn sie also gleichsam unsere Seele, unsere Art des Denkens lernen, um besser mit uns reden zu können?

Allein – nicht die Algorithmen, Kalkulationen und Agenten sind ein Drehbuch für die menschliche Seele, sondern es ist genau umgekehrt: Die Seele ist der wirkliche Autor unserer Computer-Programme.

Bei George Miller, dessen psychologische Forschungen am meisten zur modernen Informationstheorie beigetragen haben und auch Voraussetzungen für eine Reihe von Suchmaschinen-Anwendungen sind, klingt das dann so: »Die gesamte psychologische Literatur sieht aus wie ein Katalog für Kleinteile einer Maschine, die bisher noch nicht gebaut wurde.«[111]

Die Frage klingt ungeheuerlich, aber es macht Sinn, sie hier zu stellen:

Fanden wir erst heraus, wie unsere geistigen und seelischen Prozesse ablaufen und übertrugen dann die Erkenntnisse auf den Computer, oder haben wir auf den Computer gewartet, um uns selbst zu verstehen?

Oder zugespitzt: »Wer war zuerst da – Seele oder Computer?«

Fest steht: Unsere Werkzeuge verändern unsere Umwelt, vor allem aber verändern sie uns selbst.

Die meisten Menschen denken, dass man eine Idee haben muss, um ein Werkzeug zu konstruieren. Aber sehr viel häufiger hat man ein Werkzeug in der Hand und überlegt sich dann erst, ob man damit nicht auch an unserer Vorstellung von der Welt herumbasteln kann.

Wahrscheinlich hat der Urmensch erst den Faustkeil entdeckt und sich dann überlegt, was er mit ihm anstellen kann. Eine Pumpe ist eine Pumpe und das Herz der Sitz der Seele. Aber im neunzehnten Jahrhundert wird das Herz eine Pumpe, und aus dem Bild entsteht nach und nach die Vorstellung des menschlichen Körpers, der aus Ersatzteilen besteht.

Nicht nur Theorien führen zu Werkzeugen, sondern auch, wie Gerd Gigerenzer und David Goldstein gezeigt haben, Werkzeuge schaffen durch ihr pures Vorhandensein und ihren Gebrauch die neuen Theorien, die Menschen über sich und ihre Gesellschaft zusammenschrauben – einfach weil in ihnen alles zum Ausdruck kommt, worin die Gesellschaft sich spiegelt.

Die frühe Neuzeit hat nach der Erfindung der Uhr den ganzen Kosmos als Uhrwerk und Gott als Uhrmacher gesehen.[112] Der Darwinismus hat die Welt in den Kategorien der industriellen Gesellschaft erklärt und aus den Fabrikhallen des Viktorianismus, wo Maschinen Teil für Teil zusammengesetzt wurden, ein mechanistisches Bild des organischen Lebens gezogen.

Gott wurde also zum Ingenieur.

»Beinahe ein jeder Teil eines jeden organischen Wesens«, schrieb Darwin über die Organismen, »ist den komplexen Erfordernissen seines Lebens so wunderbar angepasst, dass es nicht minder unwahrscheinlich scheint, dass irgendeines dieser Teile mit einem Schlag so vollkommen geschaffen worden sei, wie es unwahrscheinlich ist, dass ein Mensch eine komplexe Maschine in vollkommenem Zustand erfindet.«[113]

Das war, wenn man so will, der rhetorische Trick, mit dem noch einige Jahrzehnte Gottvertrauen in der modernen Gesellschaft möglich war. Auch die Maschinen sind natürlich, sie sind nur ein weiteres Beispiel für Gottes großartiges Design.

Obgleich der menschliche Körper und auch das Hirn also schon lange als Maschinen verstanden wurden, kam jahrhundertelang niemand auf die Idee, das Bild auf das Denken zu übertragen. Als der Vergleich zum ersten Mal auftaucht, ist die Reaktion weithin ein »shock-horror«. Tatsächlich gibt es bis in die dreißiger Jahre des zwanzigsten Jahrhunderts niemanden, der ernsthaft auf die Idee gekommen wäre, *geistige Prozesse* mit der Funktionsweise einer Maschine zu vergleichen. Noch 1960 nannte der amerikanische Neurophysiologe Warren McCulloch, der als Erster auf die Idee eines Vergleichs von Geist und Computer kam, seine Theorie »eine Ketzerei«.[114] Das brauchte niemanden allzu sehr zu interessieren, solange die Theorie nur in wissenschaftlicher Quarantäne der Grundlagenforschung und in den Laboratorien existierte – ähnlich wie die Ergebnisse der Hirnforschung heute. Doch mit dem Siegeszug des PC begann der Siegeszug der Theorie.

»Menschen sind Tiere« war im späten neunzehnten Jahrhundert die Ableitung aus dem Darwinismus, und sie führte dazu, dass wir über unser Hirn und unsere Instinkte über die Erforschung von Tieren verstehen wollten.

»Menschen sind Maschinen«, war dann die Parole in der Ära unserer Großeltern. Und wie der Körper, so wurde auch das Gehirn mit jeder neuen technischen Erfindung mit einem anderen Design versehen und ebenso schnell wieder ausgemustert: Es wurde mit der Dampfmaschine verglichen, mit dem Telegrafen und dem Telefon und in den zwanziger Jahren sogar mit der Jukebox, weil, wie man glaubte, ein Signal im Hirn ausreichte, um eine ganze Platte an Verhaltensregeln ablaufen zu lassen.[115]

Am hartnäckigsten hielt sich der – aus heutiger Sicht höchst harmlose – Vergleich mit einer Telefonvermittlungszentrale, der erst in den fünfziger Jahren zögernd aufgegeben wurde.

Seit den siebziger Jahren wird Gott offenbar immer mehr zum Großen Programmierer, und der Computer wird das Werkzeug, an dem wir ablesen, wie wir funktionieren. Und vielleicht ist er sogar, wie manche meinen, das endgültige Bild für den menschlichen Verstand:

»Der Computer ist die letzte Metapher«, schrieb der amerikanische Psychologe Philip Johnson-Laird, »sie wird niemals wieder verdrängt werden.«[116]

Der Vergleich unseres Hirns mit dem Computer ist so effektiv, einleuchtend und logisch, dass wir ihn zum Gleichnis unseres Geistes und unserer sozialen Realität gemacht haben: Der menschliche Geist ist ein Computerprogramm. Das ist, auch wenn manche es nicht so unumwunden zugeben, die entscheidende Grundannahme, auf die sich große Teile der heutigen Wissenschaft geeinigt haben.

Wir mögen das nicht akzeptieren. Aber wir werden längst so gelesen, wie Mikrochips die Maschinensprache lesen.

Dass unsere ganze Welt – vom Sportschuh bis zum von der NASA entwickelten »interplanetarischen Internet« – eines Tages mit dem Netz und den Rechnern verbunden sein wird, ist längst keine Vision mehr, sondern greifbare Wirklichkeit.

Aber wir sollten erkennen, wie allumfassend das geistige Konstrukt ist, das hier entsteht.

WIE DAS WERKZEUG SEINEN ERFINDER UMARBEITET

Fast kein Computer-Pionier des einundzwanzigsten Jahrhunderts glaubt mehr daran, in absehbarer Zeit die künstliche Intelligenz der Science-Fiction-Filme zu schaffen. Das war anders in den sechziger Jahren. Damals wurde ausgerechnet von der Psychologie der erste Computer programmiert, der wie ein Mensch kommunizieren sollte. Es war vermutlich der erste und einzige Computer, der den berühmten Turing-Test bestand. Es handelt sich dabei um ein Experiment, das sich das mathematische Genie Alan Turing ausgedacht hatte: Wenn ein Mensch mit einem anderen Menschen und einem Computer kommuniziert, die er beide nicht sieht, und er nach den Antworten nicht mehr entscheiden kann, wer Mensch und wer Computer ist, dann können Maschinen denken.

Der Computer, der den Test bestand, hieß »Parry« und war von dem amerikanischen Psychiater Kenneth Colby programmiert worden. »Parry« simulierte Paranoia und, so die naive Hoffnung, sollte Ärzten zeigen, wie man die Krankheit heilt – letztlich, indem man den Computer therapiert. Hier ein Beispiel, wie Parry mit einem Arzt redet, der wohlgemerkt nicht feststellen kann, ob er mit einem echten Menschen oder einer Maschine redet:

interviewer: *Warum bist du im Krankenhaus?*
parry: *Ich gehöre hier gar nicht her.*
interviewer: *Wer hat dich denn hierher gebracht?*

parry:	*Die Cops.*
interviewer:	*Warum hast du mit der Polizei Ärger?*
parry:	*Weil die Cops ihren Job nicht tun.*
interviewer:	*Was machen Sie denn?*
parry:	*Cops verhaften die falschen Leute.*
interviewer:	*Manchmal aber auch die richtigen.*
parry:	*Das Gesetz sollte sich lieber um diese italienischen Idioten kümmern.*
interviewer:	*Bist du Italiener?*
parry:	*Meine Familie ist britisch, aber ich wurde in Amerika geboren.*
interviewer:	*Kennst du irgendwelche italienischen Idioten?*
parry:	*Ich versuche die Unterwelt zu vermeiden.*
interviewer:	*Aber du hast Angst vor der Unterwelt?*
parry:	*Die Mafiosi sind die schlimmsten Gangster.*
interviewer:	*Hast du Verbindungen zur Mafia?*
parry:	*Kapier doch, die kennen mich.*
interviewer:	*Woher kennen sie dich?*
parry:	*Sie spionieren mir nach.*
interviewer:	*Wieso spionieren sie dir nach?*
parry:	*Sie suchen nach falschen Beweisen, um mir etwas anzuhängen.*[117]

Wir erinnern uns an den Satz von George Miller, wonach die gesamte psychologische Literatur nichts anderes ist, als die Bauanleitung für eine Maschine.

Heute glaubt man zwar noch an die Bauanleitung, aber nicht mehr an den Bau intelligenter Roboter. Ausnahmen, wie der Ingenieur und Fantast Ray Kurtzweil (in dessen Stiftung Google-Gründer Larry Page investiert hat), der davon ausgeht, dass die Maschinen in wenigen Jahrzehnten intelligenter sein werden als die Menschen, bestätigen die Regel.

Dafür, dass die Idee der intelligenten Maschinen aufgegeben wurde, gibt es zwei Gründe. Der erste, sehr wichtige Grund war ein Buch, das im Jahre 1989 erschien, »Des Kaisers neuer Geist« (dt. Computerdenken). Verfasst wurde es von Roger Penrose, dem Lehrer von Stephen Hawking und einem der bedeutendsten Physiker unserer Zeit. Penrose widersprach einer Grundannahme aller Computerwissenschaft: dass sich Natur und menschliches Denken auf Algorithmen reduzieren lasse. Die Debatte, die er auslöste, war enorm, die Beschimpfungen, denen er sich ausgesetzt sah, grenzten an Rufschädigung, doch die allgemeine Wut war erklärlich: Durch die leidenschaftlich vorgetragene These eines so anerkannten Wissenschaftlers versiegten die finanziellen Fördermittel für die Erforschung künstlicher Intelligenz.

Man weiß nicht genau, ob man Penrose dankbar sein soll. Denn seine Intervention richtete die Aufmerksamkeit der technischen Intelligenz auf den Menschen. Wenn es gelänge, ihn besser mit dem Computer zu vernetzen, könnte der Computer von menschlicher Intelligenz lernen und Menschen bei kognitiven Aufgaben unterstützen. Und das war der zweite Grund für den Bewusstseinswandel: das Internet, dessen Chancen noch in den neunziger Jahren selbst von Eingeweihten unterschätzt wurden. Hier bot sich eine sehr viel leichtere und profitablere Möglichkeit, Intelligenz zu erzeugen. Menschen produzieren den Input durch ihre Gedanken, Fotos und Sounds, und der Computer vernetzt all diese Daten wie die Neuronen in einem gigantischen Hirn. Deshalb sprechen die meisten Software-Ingenieure mittlerweile von der Ko-Evolution von Mensch und Maschine.

Die gesamte Revolution der Algorithmen über unser Leben hat eine Vorgeschichte, die jetzt erst durch den Siegeszug des Internets wirklich verständlich wird. Denn was sich nun in ungeheurer Geschwindigkeit in einer Welt vollzieht, in der das ganze Leben der nächsten Generation zum Datenmaterial wird, hat ein Vorspiel.

Ehe unsere Existenz vernetzt wurde, wurden es die Wissenschaften. Von heute aus betrachtet, auf dem Gipfelpunkt einer Computerrevolution, die noch in den frühen achtziger Jahren kaum jemand vorausgesehen hat, scheint es, dass ganze Wissenschaftszweige sich computerisierten: von der Linguistik über die Ökonomie bis zum Arbeitsplatzmanagement, von der Psychologie bis zur Hirnforschung, von der Pädagogik bis zur Medienwissenschaft. Es wirkt jetzt, als seien die unterschiedlichsten Disziplinen wie in einem Brennglas, dem Computer, zusammengeschlossen.

Als die Finanzkrise ihren Höhepunkt erreichte und deutlich wurde, welche Rolle der Computer in ihr spielte, schrieb Jaron Lanier, der als Bürgerrechtsbewegter in der digitalen Welt eine wichtige Rolle spielt: »Es ist wirklich möglich, dass Evolutionspsychologie, künstliche Intelligenz, die Verherrlichung des Mooreschen Gesetzes und der Rest des ganzen Pakets zu etwas völlig Neuem wird, so wie Freud oder Marx in ihrer Zeit. Oder sogar noch größer, weil diese Ideen letztlich in die Software eingebaut werden, die unsere Gesellschaft kontrolliert.«[118]

Die moderne Hirnforschung beispielsweise könnte die Aufregung des Internet-Pioniers Jaron Lanier nicht verstehen, der in einem legendären Schlagabtausch Pattie Mae vorwarf, durch digitale Steuerungen die Willensfreiheit des Menschen auszuhöhlen.[119] »Verschaltungen legen uns fest«, schreibt der Hirnforscher Wolf Singer und löste damit eine bis ins Strafrecht reichende Debatte darüber aus, ob der Mensch für seine Handlungen verantwortlich gemacht werden kann.[120]

In der wirklichen Welt, so Singer, werden wir von neurochemischen Prozessen programmiert, die unsere angeblich freien

Handlungen bestimmen. »Die Idee eines freien, menschlichen Willens ist mit wissenschaftlichen Überlegungen prinzipiell nicht zu vereinbaren«, ergänzt der Psychologe Wolfgang Prinz, Direktor des Max-Planck-Instituts für Neurowissenschaften.[121]

Natürlich sind die Hirnforscher nicht weltfremd. Wolf Singer ist der erste, der einräumt, dass Kultur, Erziehung, Normen den Menschen so programmieren können, dass er subjektiv zu einem Wesen des freien Willens wird. Sie argumentieren wie die Quantenphysiker. Was die Wissenschaft erkannt hat – zum Beispiel, dass der Mensch nicht der Urheber seiner Taten ist –, muss im wirklichen Leben – etwa im Strafrecht – keine Rolle spielen. Immerhin reden wir ja auch im einundzwanzigsten Jahrhundert noch davon, dass die Sonne »aufgeht«, obwohl in Wahrheit ja die Erde sich bewegt. Aber der Vergleich stimmt nicht. Denn jetzt haben wir das computergesteuerte Internet als sozialen Lebensraum erobert. Unterhalb der Benutzeroberflächen befinden sich die Maschinenräume, die Nicht-Informatiker niemals zu sehen bekommen. Aber dort werden unsere digitalen Doppelgänger gebaut, und ihre moralische Rechtfertigung stammt, worauf Danny Hillis hinweist, auch aus der Hirnforschung. Von dort ist es nur ein kleiner Schritt, bis das Werkzeug, also der Computer, den Menschen ein weiteres Mal verwandelt.

Auch in unserem Kopf haben wir nur eine Suchmaschine, deren Dopaminproduktion wir durch codierte Akazien steuern oder anzapfen müssen.

Sie misstrauen der nächsten Software-Generation, die jetzt schon weiß, welches Restaurant Ihnen gefällt?

Entspannen Sie sich, sagen die Informatiker. Sie haben ja, wie eine Auswertung Ihrer Assoziationen belegt, Ihre Entscheidung längst getroffen, weil Sie vergleichbar sind mit einer Vielzahl anderer Menschen, die eine ähnliche Such-, Facebook-,

Twitter-, Bloggeschichte haben wie Sie selbst. Die Entscheidung findet nur etwas früher im Computer statt als bei Ihnen. Und die Neurowissenschaft assistiert: Ich will, was ich tue.

»Wir tun nicht, was wir wollen, sondern wir wollen, was wir tun.« Das sagt Wolfgang Prinz und fügt hinzu: »Eine Entscheidung (findet) früher im Gehirn als im Bewusstsein einer Person statt. Das kann nur bedeuten, dass unser bewusster Willensimpuls so etwas wie ein Ratifizieren einer Entscheidung ist, die das Gehirn schon getroffen hat: Ich will, was ich tue.«

Man kann dieses Spiel immer weiterspielen, es auf Konsum, Moral, Erziehung ausdehnen: Die Matrix funktioniert, ohne sich selbst zu widersprechen.[122]

Es wäre unfair, die Hirnforscher dafür verantwortlich zu machen, dass die Abteilung künstliche Intelligenz ihre Theorien gewissermaßen in die Computer einbaut. Allerdings scheint sie die buchstäbliche »Verarbeitung« ihrer Theorien im Bereich der Informationstechnologien zumindest in Europa noch nicht wirklich zu interessieren.

Zum Beispiel die Thesen von Jeff Hawkins, der einst den Palm-Pilot erfand, den Großvater aller Smartphones. Hawkins hat ein Buch über »Intelligenz« geschrieben, das der amerikanische Medizinnobelpreisträger und Hirnforscher Eric Kandel überraschenderweise bereits zum Klassiker erklärt hat. Wir müssen die neurobiologische Triftigkeit von Hawkins' Thesen hier nicht diskutieren; entscheidend ist, dass Hawkins, der glaubt, menschliches Denken lasse sich vollständig durch Algorithmen erklären, ohne viel Federlesens zugibt, dass unsere Kommunikation mit den modernen Technologien nur funktioniert, wenn wir von der Berechenbarkeit des Menschen ausgehen.

Prognosen durch Analogieschlüsse (also zum Beispiel die Musikempfehlungen bei Apple Genius), sagt er, »sind das Gleiche wie Urteile, die auf Stereotypen beruhen.«[123] Die Computer docken dort in unserem Denken an, wo wir schon selbst wie Computer sind, bei Automatismen und Routinen. Wir erinnern uns an die schmeichelnden Computer und das Experiment mit dem Kopierer. Sie sind Beispiele für solche Stereotypen, die geistlose Handlungen erzeugen. Jetzt wird man digital fortwährend in Stereotypen trainiert, wie komplex und vielfältig ihre Algorithmen auch sein mögen. Das kommt unserer Angst vor Kontrollverlust entgegen. Es führt aber im schlimmsten Fall zu einer neuen Welt, in der wir nicht nur auf Sinnes- und Gedankenreize dressiert werden, wie heute bei der blinkenden SMS, sondern auch bis zu einem gewissen Grad vorausberechnete Handlungen und Gedanken ausführen. Wir werden später sehen, dass das keine Science-Fiction ist, sondern durch die zweite große Welle der Informationsüberflutung – das Echtzeit-Netz – geradezu erzwungen wird.

Fassen wir an dieser Stelle noch einmal zusammen:

Teile der modernen Psychologie und die Neurobiologie haben die Mutter aller unserer Programmierungen geschaffen. Sie ist mit unerschütterlicher Energie dabei, uns zu Kindern einer mentalen Revolution zu erziehen. Sie beurteilt menschliches Denken und Verhalten nach Computersimulationen. Sie verwebt alles mit allem: So wie auf einer Webpage unsere Erinnerungen mit unseren Reiseplänen, unser ökonomisches Verhalten mit unserer Risikobereitschaft, unsere Gesundheit mit unserem DNA-Code verschmelzen, so verflechten sich die Wissenschaften mit den Codes der Software – so sehr, dass Computer in einigen Bereichen der Kognitionswissenschaften und der Psychologie längst als Ersatz für menschliche Testpersonen herhalten müssen. Was man dort entdeckt, wird auf Menschen übertragen. Was man nicht entdeckt, existiert nicht.[124] Der Siegeszug der Technologie wurde damit bezahlt, dass man Penroses Warnung gewissermaßen gegen sich selbst kehrte:

Wenn nicht alles in der Welt durch Algorithmen zu erklären ist, dann sorgen wir halt dafür, dass nur noch das in der Welt wahrgenommen wird, was nach algorithmischen Prinzipien funktioniert.

Das Werkzeug hat also den Kopf, der es ersann, umgearbeitet.

In diesem Fall war das Werkzeug im Begriff, nicht nur die Welt, sondern ein Weltbild zu erschüttern – doch die Dramatik begriffen viele erst, als das letzte »missing link«, der letzte und wichtigste Baustein in Gestalt des Internets, sichtbar wurde. Erst seit dem Jahre 2007, als die Anzahl der Internetuser zur kritischen Masse wurde und gleichzeitig Google die algorithmische Intelligenz zur Alltagssache machte, ist das neue Weltbild perfekt.

DIE ÄRA DER SANFTEN UND NÜTZLICHEN HERRSCHER

»Als die Maschinen uns überholten«, schreibt der Schriftsteller Simon Ings, »als sie zu komplex und effizient wurden, entzogen sie sich unserer Kontrolle so schnell und sanft und waren so *nützlich*, dass nur ein Narr oder ein Prophet es gewagt haben könnte, sich darüber zu beschweren.«[125]

Man kann sich eine Welt ohne Atomkraft und Braunkohle, ohne Autos und ohne Chemie vorstellen, und für jedes dieser Paralleluniversen gibt es starke und vernünftige Befürworter, denn sie alle sind an ihre Grenzen gestoßen. Aber nicht so bei der Vorstellung einer Welt ohne Computer. Das allein zeigt, mit welcher Macht wir es zu tun haben. Die Grenzen dieser Technologie sind deckungsgleich mit den Grenzen unseres Bewusstseins.

Deshalb wirkt sie so stark im Unterbewusstsein.

Noch einmal: Dies ist kein Pamphlet gegen Computer. Die Informationsgesellschaft entwickelt Technologien ohne Alternative, und sie gehört, weil sie sich fast alle zwei Jahre neu erfindet, zum Spannendsten, was unsere Generation erleben kann. Deshalb müssen wir die Anpassung selbst in die Hand nehmen, statt angepasst zu werden.

ZWEITER TEIL

Wie wir die Kontrolle über unser Denken zurückgewinnen können

DER DUFT, DER DIE WILLENSKRAFT LÄHMT

Nehmen wir an, wir müssten morgen auf SMS, E-Mails, Tweets, Facebook verzichten. Für die meisten Menschen der westlichen Welt wäre das so, als würden sie verhungern. Schon eine Woche Abstinenz außerhalb der Urlaubszeit käme vielen so vor, als würde man ihnen vorschlagen, sich acht Tage von Dr. Liebigs Fleischersatz zu ernähren. Wann immer für ein paar Stunden Datenleitungen oder für ein paar Minuten Google nicht erreichbar sind, melden Blogger Symptome, die an Nahrungsentzug erinnern.

Der Schriftsteller Peter Handke hat vor vielen Jahren den Fall eines Mannes geschildert, der jeden Morgen erwartet, im Briefkasten den Brief zu finden, der sein Leben ändert. Bei Franz Kafka kommen die Nachrichten über Telefon oder die Haustür: Es klingelt an der Tür, es klingelt das Telefon, es klopft am Fenster und das Leben nimmt eine völlig neue Wendung. Diese Figuren haben immer ein schlechtes Gewissen. Es ist das Schuldgefühl, das auch wir mehr oder minder bewusst entwickeln, weil wir merken, dass sie der Information, auf die sie warten, niemals gewachsen sein werden.

Nehmen wir einmal an, mit der täglichen Informationsflut wäre es so, wie wir sie behandeln: Unser Leben hinge davon ab. Oder seien wir etwas bescheidener und nehmen nur an, dass wir wirklich alle diese Informationen nur mit einem Minimum an Aufmerksamkeit konsumieren. Oder seien wir ganz bescheiden und unterstellen, dass unter den unzähligen personalisierten Informationen, die täglich unsere Aufmerksamkeit konsumieren, nur zwei oder drei wären, die wirklich Konsequenzen für uns hätten. Wie geht der geistige Stoffwechsel von uns *informavores* damit um? Besorgen wir uns die Antwort aus dem Reich der Nahrung.

Weil wir auswählen, also bestimmte Informationen vernachlässigen und andere bevorzugen müssen, ist ein Mindestmaß an Selbstkontrolle notwendig. Sie arbeiten an einem drögen Bericht oder führen ein langweiliges Telefongespräch und neben Ihnen leuchtet die E-Mail, und es ist, als würde der Ofen blinken, wenn die Croissants fertig sind. Oder Sie suchen eine Antwort im Netz, und plötzlich strömt Ihnen der Duft von einer von Peter Pirollis wunderbar frischen Websites zu.

Wir brauchen nicht erst zu recherchieren, dass die Klatsch-Website keine besonders relevanten Informationen haben wird und ahnen auch, dass in Facebook in den letzten zehn Minuten nicht die sensationelle Information aufgetaucht ist, die die Unterbrechung rechtfertigen würde. Aber wir wissen auch automatisch, welches Essen gesund oder nicht gesund ist. Und dennoch hängt unsere Nahrungswahl sehr viel stärker davon ab, ob wir gerade durch eine Fußgängerzone mit netten Restaurants gehen oder gerade eine Anzeige für Bademoden gelesen haben.[126]

Im wirklichen Leben wie im Netz werden Witterungen aufgenommen. Hier der Grill, dort die Information, die wir zumindest einmal mit unseren Augen streifen müssen. Wo uns Düfte umwittern, wird derjenige, der sich Selbstkontrolle beim Essen auferlegen muss, schwach und denkt nicht mehr an Nahrung, sondern an Geschmack. McDonald's kann noch so viele Salate anbieten, es werden dort immer Hamburger reißenden Absatz finden. Eine Webpage mag seriös sein; ihre Dieter Bohlen- und Paris Hilton-News werden selbst bei seriösen Suchern als Erstes und oft auch am häufigsten konsumiert. Die Ausrede ist sprichwörtlich und entspricht der Snack- und Fast-Food-Welt im wirklichen Leben: »nur mal schnell zwischendurch«, »hab jetzt grad Hunger«, »kostet nicht viel«. Und dennoch zwingt die Masse der Informationsflut zur Selbstkontrolle. Die Frage ist, was uns diese Daten-Bytes oder »Bissen« kosten – und ob wir überhaupt genug zahlen können.

Welchen Preis wir zahlen müssen, hat an der Universität Florida der Kognitionspsychologe Roy Baumeister untersucht und ist in einer bekannten Studie auf das Phänomen der »Ich-Erschöpfung« gestoßen. Ein ständiger Zwang, wählen zu müssen zwischen wichtigen und unwichtigen Informationen, höhlt uns schon nach kurzer Zeit buchstäblich aus und führt dazu, dass wir den Autopiloten im Gehirn einschalten. Wir können gar nicht anders, als uns in diesem Zustand treiben zu lassen. In einem Einkaufszentrum können wir immerhin den Laden verlassen, in der digitalen Welt merken wir gar nicht, dass wir ihn betreten haben. Wir *sind* online, selbst wenn wir es nicht sind. Denn wir denken permanent an die Informationen, die uns entgangen sind oder die auf uns warten könnten.

Baumeister lud Testpersonen unter dem Vorwand ein, Geschmackstests für Marketingforschungen durchzuführen. Um die Ergebnisse nicht zu verfälschen, sollten die Kandidaten drei Stunden vor dem Experiment keine Nahrung mehr zu sich genommen haben. Im Laboratorium hatten die Wissenschaftler unterdessen alle notwendigen Vorbereitungen getroffen. In einem Ofen wurden Schokoladenkekse gebacken und der Raum war erfüllt von dem Geruch von Schokolade und Gebäck. Dann wurden den Testteilnehmern die Kekse und eine Schale mit weißem und rotem Rettich vorgesetzt. Der Experimentator erzählte, wie er selbst sagt, seine »Cover story«: Der Geschmackstest erfordere, dass die Kandidaten ausschließlich ein paar Scheiben Rettich, aber keine Kekse essen (und umgekehrt: Kekse, aber keinen Rettich). Die Kandidaten wurden fünf Minuten alleine gelassen, dabei allerdings beobachtet, dann kehrte der Wissenschaftler zurück und unternahm, aus statistischen Gründen, wie er sagte, eine Reihe Tests.[127]

Was geschah? Es stellte sich nach acht solcher und ähnlicher Experimente (zum Beispiel die Anweisung, jeden Gedanken an einen »weißen Bären« zu unterdrücken) heraus, dass schon ein geringfügiger Akt der Selbstkontrolle – die Kekse nicht anzurühren – die Fähigkeit eines Menschen ernsthaft erschöpft, sich einer weiteren, völlig anders gearteten Aufgabe konzentriert zu widmen. So gaben die Probanden, die auf die Kekse verzichten mussten, bei einem schwierigen (tatsächlich unlösbaren) Puzzle sehr viel früher frustriert auf als die anderen Teilnehmer. Andere hatten nicht einmal mehr die Energie, lösbare Rätsel zu lösen. Selbstkontrolle scheint, wie das Wort »Willenskraft« verrät, wie ein Muskel zu funktionieren, und wie ein Muskel verfügt sie nur über eine erstaunlich begrenzte Spannkraft. Wer in den Experimenten aufgefordert wurde, einen bestimmten Gedanken zu unterdrücken (den an den weißen Bären), konnte bei einer anschließend gezeigten Film-Komödie, vor deren Vorführung die Testpersonen gebeten wurden, möglichst ernst zu bleiben, die Aufgabe nicht mehr erfüllen. In einem weiteren Versuch konnten Personen sich nach konzentriertem Korrekturlesen nicht mehr dazu aufzuraffen, einen todlangweiligen Fernsehfilm abzuschalten. Und wer sich in Tests dazu zwingen musste, möglichst keine Gefühle bei der Informationsaufnahme zu zeigen – zum Beispiel bei einem Film –, war danach kaum mehr in der Lage, kleinere Worträtsel zu lösen.[128]

Diese Ich-Erschöpfung überkommt eine von Informations-Reizen überflutete Gesellschaft eben nicht nur bei Fragen der Ernährung, Gesundheit, der realen Welt, sondern viel mehr noch bei allen Fragen des Informations-Konsums. Das verstärkt sich, wenn die Web-Designer immer stärkere Reize setzen, die der Verführungskraft von Dingen entspricht, die man haben will, aber die man nicht haben sollte. Unser Verhalten ist vergleichbar mit Impulskäufen im Kaufrausch.

Also sind wir unablässig gezwungen, Akte der Selbstkontrolle auszuführen, und die meisten Reize kommen von den Bildschirmen, aber nicht mehr aus der realen Welt – da stehen keine Kekse mehr, sondern es vibriert die SMS und der Gedanke, ob es höflich ist, sie nicht gleich zu beantworten, oder es wartet der Link, der zu Abertausenden anderen führt, von denen jeder ein darwinistischer Schalter ist, der, wenn man ihn drückt, seinen immer besser perfektionierten »Informations-Duft« verströmt. Wir wittern und krabbeln los, wie der Getreideplattkäfer, aber wir krabbeln im Kreis. Denn wir können nicht aufhören. Eine wartende Mail, die SMS, das Wissen um sich ständig aktualisierende Informationsinhalte auf den Lieblingswebseiten, der Facebook-Update, der Youtube-Link und all die anderen Multitasking-Anforderungen zwingen uns, wenn wir ihnen nicht allen folgen, den Gedanken an sie zu unterdrücken. Das ist das böse Spiel, das der junge Fjodor Dostojewski mit seinem Bruder spielte: »Denk jetzt nicht an den weißen Bären«. Sein Bruder soll Stunden danach verwirrt gewesen sein. Wie jeder weiß: Wenn wir den Gedanken an etwas unterdrücken, denken wir daran.

Man kann sich nicht auffordern, nicht an etwas zu denken. Der weiße Bär steht immer schon im Zimmer und blinkt. Wir befinden uns in diesem Augenblick gewissermaßen an der existenziellen Klippe der Informationsgesellschaft am Rande der

Zwangshandlung: Wir wissen und wissen nicht, und je mehr wir uns zusammenreißen, desto stärker wird der unterdrückte Gedanke. Wir wissen, dass eine Nachricht konsumiert werden will. Aber wir wissen nicht, was sie bedeutet. Das Informationsnetz mit seiner faszinierenden Freiheit erzwingt in entscheidenden Momenten Selbstkontrolle selbst in winzigsten Details und tut doch alles, um sie zu unterminieren.

DIE WISSENSCHAFT VON DER FATIGUE UND BURNOUT-ERSCHÖPFUNG

Je stärker der weiße Bär, desto schwächer werden wir, und noch *ehe* wir kapitulieren, tun wir, was wir nicht tun sollten: denn wir denken ja bereits dauernd an ihn. Jeder merkt das, wenn er die fünfte Kaffeemaschine gekauft hat, die er nicht braucht. Bei der Informationsaufnahme merken wir das nicht. Informationen stehen nicht irgendwo im Zimmer herum wie ein überflüssiges Gerät. Sie bevölkern den Kopf in Erinnerungsregionen, die unterhalb der vier Dinge liegen, die unser Kurzzeitgedächtnis speichern kann. In Ihrer Wohnung merken Sie immerhin noch, was nützlich ist und was nicht – zumindest merkt man, ob man es benutzt oder ob es verstaubt.

Doch die Ich-Erschöpfung durch ständige aufmerksamkeitsheischende Informationen führt dazu, dass wir nachweislich nicht mehr in der Lage sind, diese Informationen in einen logischen Zusammenhang zu überführen. Wir können sie nicht mehr in etwas anderes übersetzen als das, was sie sind. Wir wissen nicht, ob wir sie noch einmal gebrauchen können, selbst dann, wenn sie und ihre Absender längst das Haltbarkeitsdatum überschritten haben.

Stellen Sie sich einfach die Wohnung eines jener Messies vor, die Tine Wittler in ihrer Hardcore Renovierungsshow im Fernsehen präsentiert. Diese Leute wissen nicht mehr, was sie behalten und was sie wegwerfen sollen. Das ist in etwa so, wie es in unserem Kopf aussieht – inklusive der Tatsache, dass (fast jeder) weiß, wer Tine Wittler ist.

Trash-Formate im Fernsehen und im Internet erfreuen sich mittlerweile in allen Bildungsschichten wachsender Beliebtheit, und ehe man zu Recht auf ihr Verdummungspotenzial hinweist, ist es hilfreich, die Gründe für dieses Phänomen zu studieren. Wenn Menschen das Gefühl haben, sich kontrollieren zu müssen, beispielsweise sich dagegen zu wappnen, schon wieder eine Online-Seite aufzurufen, wenn sie den Ablenkungen widerstehen und im dauernden täglichen Kampf mit Multitasking-Zumutungen mal siegen und mal verlieren – nicht nur am Computer, sondern auch in der Familie, im Haushalt usw. –, wenn sie also im Großen und Ganzen durchhalten statt nachzugeben, erschöpft sich ihr Ich wie der Beinmuskel bei Kniebeugen.

Menschen schauen dann nicht nur, wie eine neuere Studie zeigt, abends Trash-Filme statt anspruchsvollerer Filme. Sie können sich offenbar auch nicht vorstellen, überhaupt jemals wieder zu etwas anderem als Trash fähig zu sein. Würde man sie am Montag bitten, einen Film für den Mittwoch auszusuchen, sind sie nicht imstande, ihre vorauseilende Erschöpfung zu relativieren.[129] Der Mensch rechnet offenbar seine Ich-Erschöpfung hoch. Er macht immer weniger Pläne und reagiert immer häufiger auf unmittelbare Reize. Die offene Frage ist, wann davon nicht nur der Film für die nächste Woche, sondern die Lebenspläne selbst betroffen sind.

Die scheinbare Kostenlosigkeit der Informationen im Netz beeinflusst auch die Ökonomie unseres Denkens. Wir springen darauf schnell, als könne es uns jemand wegnehmen oder zuvorkommen. Ein Versuch, in denen Menschen schlechtere Hershey-Trüffel für 1 Cent und bessere Lindt-Trüffel für 24 Cent angeboten wurde, zeigt, wie nicht anders zu erwarten, dass etwas mehr Menschen sich für die billigere Schokolade entscheiden. Bietet man aber Lindt für 23 Cent und Hershey für 0 Cent, dann wechseln 90 Prozent der Lindt-Esser zu Hershey, obwohl sich die Preisdifferenz zwischen den beiden gar nicht verändert hat.[130]

Das erklärt, warum die Bremse nicht funktioniert, die im wirklichen Leben funktioniert: der finanzielle Aufwand. Wir spüren die Kosten, die unserer Aufmerksamkeit und unserem Gedächtnis entstehen, nur indirekt. Im wahren Konsumleben wissen wir, dass es wichtig ist, Verführungen zu widerstehen und nur das Notwendige zu kaufen, Geld zu sparen, statt alles nur darum auszugeben, weil man sich nach dem Kauf besser fühlt. In der Informations-Wirtschaft befinden wir uns, ewig hungrig wegen des regelmäßig abstürzenden Glukosespiegels, im Zustand des permanenten Mundraubs. Der Informationsaustausch funktioniert wie der menschliche Stoffwechsel: Jedes Byte ist ein Cookie, der, wie man weiß, sehr schnell nur noch hungriger macht.

Deshalb sollte man sich genauer überlegen, was man zahlt, wenn »alles gratis« ist. Für »all you can eat« muss der Körper blechen. Für »all you can read« der Geist. Wir haben nicht genug geistige Rücklagen für das, was wir kostenlos konsumieren. Wir konsumieren nicht nur, wir arbeiten auch kostenlos im Netz. Und nicht nur das: wir werden auch immer schlechter in dem, was wir tun, weil sich Multitasking eben nicht trainieren lässt. Ich-Erschöpfung macht uns nicht nur passiv, der IQ und ausgerechnet die höheren Fähigkeiten des menschlichen Geistes, zum Beispiel logisches Denken, werden in Mitleidenschaft gezogen, und das, was Sie jetzt gerade tun: Bücher lesen ist Mühsal.

Nach einem langen Einkaufstag können wir uns ins Café setzen und eine Limonade trinken.

Doch ob wir unsere Kraft zurückbekommen, rationale Entscheidungen zu treffen (und nicht nur impulsive), hängt, wie Roy Baumeister lakonisch schreibt, davon ab, ob wir eine Cola-light trinken oder eine mit Zucker.

Haben Informationen Kalorien? Klingen deshalb Ratschläge gegen Erschöpfung wie Diätvorschläge: abschalten, Pausen machen und vor allem keine Kohlenhydrate. »Sind Kartoffeln besser oder Brot?« Wenn es ein Preis-Kosten-Verhältnis in der freien Netzökonomie gibt, dann ist es dieses. Wir werden überhäuft mit kostenloser Nahrung und vergessen dabei, dass wir selbst eine ganz besondere Delikatesse unter diesen Gratishappen sind.

Aber es gibt einen Ausweg. Man kann den Muskel, also die Willenskraft, stärken. Allerdings taugen dafür weniger die Verfahren, die manchen Menschen im Stress des Alltags helfen, wie Lebensratgeber und Meditation. Die Veränderung durch Informationstechnologien ist grundsätzlich anders: Sie verändern unsere kognitive Fähigkeit, sie verdrahten unser Hirn neu, und die Reize, denen wir ausgesetzt sind, sind komplexer, subtiler und effizienter als alles, was wir im Alltag kennen. Deshalb müssen wir das stärken, was nur wir als unvollständige, fehlerhafte und schöpferische Wesen können. Das ist das Gegenteil des »mechanischen Türken« und aller ähnlichen Projekte, die die stupide Arbeitswelt Frederick Taylors ins 21. Jahrhundert übertragen.

Der Preis, den wir zurückfordern können, ist erstaunlich hoch, und er stärkt die Selbst-Regulation, die »Trumpfkarte der Persönlichkeit«[131], die alles andere aussticht. Jogger werden heute längst nicht mehr belächelt wie in den sechziger Jahren, als die Trimm-Dich-Bewegung startete. Und was damals für das Leben in Fleisch und Blut galt, gilt nun auch für die Leben in Bytes und Bites.

Hat man einmal in seinem Kopf die Vorstellung vom »Muskel« für unsere kognitive Überforderung etabliert, wird klar, wie sehr unsere Anpassungsprobleme mit den großen Debatten über die

Erschöpfung von Arbeitern im späten neunzehnten und frühen zwanzigsten Jahrhundert vergleichbar sind. Nur dass es diesmal weniger um den Bizeps als um das Hirn selbst geht.

Das Wort »Kalorien« kommt bei Darwin noch nicht vor. Es taucht erst auf, als Menschen wie Maschinen berechnet werden mussten. Um die Arbeitsleistung zu optimieren, verfiel man auf die Kalkulation von Kalorien. Es ging, in den Worten der damaligen Wissenschaftler, um den »menschlichen Motor« und die Frage, wie viel Energie er braucht, um sinnvolle Leistung zu erbringen. Daten von Gefangenen in französischen Gefängnissen wurden ebenso zugrunde gelegt wie die von Soldaten und Fabrikarbeitern. Auch hier ging es nur um Erschöpfung, allerdings nicht die Ich-Erschöpfung, sondern die des Körpers. Durch richtige Ernährung sollte der *fatigue* – das große Schlüsselwort des 19. Jahrhunderts für körperliche Erschöpfung – Einhalt geboten werden, der schlimmsten Geißel des menschlichen Motors.[132] Man nannte das die »Wissenschaft von der Erschöpfung« und propagierte eine »Hygenie der Effizienz«.[133]

Das klingt, wenn man ein paar Worte vertauscht, wie eine aktuelle Studie zu den Folgen von Multitasking und Informations-Überflutung. Damals sollte der Muskelaufbau nicht mehr dem eines Bauern oder Schmiedes ähneln, sondern etwas ganz Neues werden: Die moderne Industrie des frühen zwanzigsten Jahrhunderts brauchte Menschen, die zu feineren und kleineren Bewegungen fähig waren. Hier bereiteten sich die großen Choreografien der kollektiven Arbeitswelt des letzten Jahrhunderts vor, in denen, wie bei einem Ballett, alle Kräfte ineinandergreifen mussten.

All das können wir getrost auf uns übertragen, und darum fühlt sich mancher, der heute von Maschinen und Gesellschaft wie selbstverständlich zum Multitasking gezwungen wird, an die Ausbeutungsökonomie der Vergangenheit erinnert. Der Muskel aber ist das Gehirn. Es war schwer genug, die Muskeln an die Räderwerke der modernen Fabriken anzupassen. Es ist viel schwerer, die Neuronen und Ganglien unseres Gehirns anzupassen. Aber alles ist wie damals: Die Informationen liefern die Kalorien, und ihr Wert für die geistige Leistung liegt in ihrer Verwertbarkeit. Vielleicht wird man eines Tages Diätpläne für den Informationskonsum aufstellen, und aller Wahrscheinlichkeit nach werden sie ebenso widersprüchlich sein wie die »Fit for Fun«-Bibliotheken der Gegenwart.

Die kalorischen Verbrennungszahlen sind Maschinensprache. Sie kommen unserer Liebe für die totale Berechenbarkeit von Informationen entgegen. Ob jemand 110 Kalorien aus einer Portion Cornflakes verbrennt, wie es auf jeder Packung steht, ist, wie wir mittlerweile wissen, von Mensch zu Mensch höchst verschieden.[134] Genauso wenig werden wir den Wert von Informationen berechnen können. Es gibt Menschen, die aus einem Computerspiel Nutzen ziehen können und gleichzeitig aus einem wissenschaftlichen Text auf Google-Scholar. Es ist an der Zeit, die trügerische Verankerung unserer Lebenssicherheit in Zahlen zu durchschauen. Jetzt geht es um das, was jeder tut, wenn er zu viel Kekse gegessen hat. Es geht um Krafttraining für den Muskel der Selbstkontrolle.

WIR SIND BLIND FÜR DAS, WAS WIR NICHT ERWARTEN

Die meisten Menschen glauben, man konzentriere seine Aufmerksamkeit so, als sei das Hirn eine Kamera: ruhig halten, fokussieren, abwarten, auslösen.[135] Wir lernen in der Schule, dass »aufmerksam sein« bedeutet, seine Gedanken nicht abschweifen zu lassen. Nach allem, was die Forschung heute dazu weiß, ist dies wohl einer der gefährlichsten Irrtümer von Erziehung und Selbsterziehung. Ablenkung führt zu Perspektivwechseln, die neue Gedanken und Ideen freisetzen und sogar die Gesundheit nachhaltig verbessern können. Diese Form der Aufmerksamkeit, ein Relikt der Lehren des Frederick Taylor, führt zu Erschöpfung und Langeweile. Das Problem unserer Ablenkungen besteht nicht darin, dass sie uns ablenken, sondern dass die Ablenkung statt zur Befreiung nur zur Fleißarbeit wird.

Schauen Sie auf dieses **E**. Haben Sie das lang genug getan, beginnen Ihre Augen zu flimmern. So ergeht es uns auch mit Gedanken oder einer Idee, auf die wir uns zu lange konzentrieren. Sie verschwimmen an den Rändern. Wenn wir unscharf sehen, gehen wir in kleine stille Läden – Läden für die Augen, nicht für die Gedanken –, wo ein freundlicher Verkäufer uns auffordert, 66 etwas eigenwillig gestaltete Buchstaben zu lesen.

Ein sonderbarer Text, denn er ist nur gemacht, damit wir ihn nie zu Ende lesen können. Er beginnt leicht und munter und wird immer schwieriger und am Ende unlesbar. Nicht nur ein Text also, fast eine Lebensphilosophie. So sieht er aus:

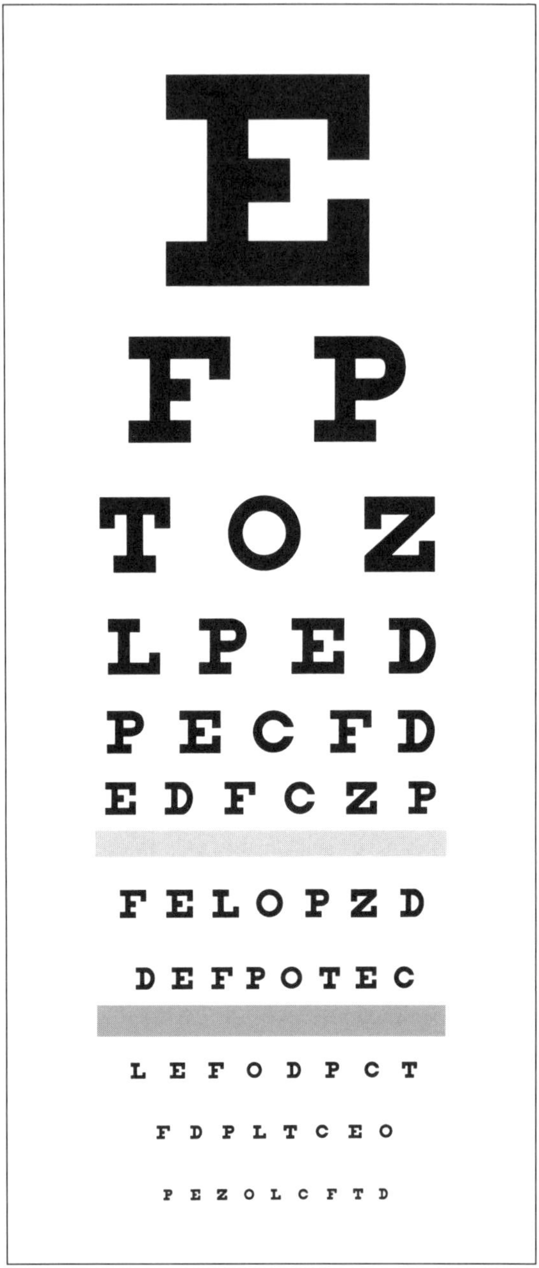
E
F P
T O Z
L P E D
P E C F D
E D F C Z P
F E L O P Z D
D E F P O T E C
L E F O D P C T
F D P L T C E O
P E Z O L C F T D

Die Snellen-Augentafel ist so etwas wie eine algorithmische Rechenmaschine im Kleinen, und sie dient seit weit über hundert Jahren, um unsere Sehschärfe zu bestimmen. Sie ist eines der vielen Hilfsmittel, die, wie Stephen Baker es formulierte, die »maschinenähnlichen Teile in unserem Leben« auf Verschleiß untersuchen und fast kein Mensch denkt mehr groß über sie nach.

Und gerade das ist das Problem, denn sobald wir aufhören, aufmerksam zu sein, werden Routinen und Automatismen in Gang gesetzt oder kurz: Algorithmen. Manche sind hilfreich, etwa beim Straßenverkehr, aber unter dem Eindruck einer computerisierten Welt wird die ganze Welt zum vorformulierten Rezept, das keinen Raum mehr für Anderes lässt. Eine Gruppe von Forschern an der Harvard-Universität haben sich gefragt, was es mit diesem Automatismus des Nicht-Nachdenkens auf sich hat. Vielleicht sollte man, so ihre Überlegung, über den versteckten Algorithmus in Snellens Augentafel einmal nachdenken. »Wir glauben«, schreibt die Psychologin Ellen Langer, die das folgende Experiment durchführte, »dass es Zeit ist, die nicht-algorithmischen Dimensionen des Denkens zu untersuchen«.[136] Könnte es sein, dass die Automatismen, in denen Menschen immer schon zu wissen glauben, was sie erwartet, ihnen buchstäblich den Blick auf ihre eigenen Möglichkeiten verstellt? Die Augentafel ist gewissermaßen die simple Version jedes algorithmischen Rezepts, das uns an den Computern steuert. Es schließt »Nachdenken« aus. Die Forscher fragten sich, ob unsere Augen vielleicht dadurch beeinflusst werden, dass beim Betrachten von Herman Snellens Tafel ein Programm in unserem Hirn abläuft, das unsere Aufmerksamkeit »frisst«. Es ging also darum herauszufinden, was passiert, wenn man die Karte mit der »Linse der Aufmerksamkeit« (Langer) betrachtet. Um das herauszufinden, präsentierten sie einer Gruppe von Testpersonen eine umgedrehte Tafel:

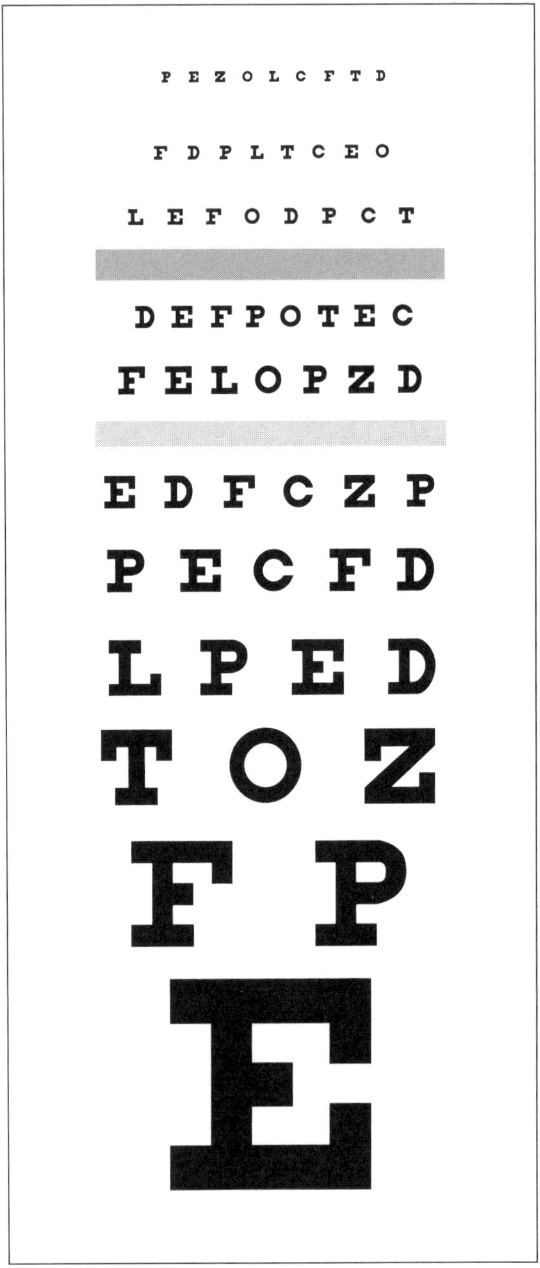
P E Z O L C F T D
F D P L T C E O
L E F O D P C T
D E F P O T E C
F E L O P Z D
E D F C Z P
P E C F D
L P E D
T O Z
F P
E

Daraufhin waren mit Ausnahme einer einzigen Person alle Testpersonen imstande, Zeilen zu lesen, die sie vorher nicht erkennen konnten.[137] Wie ist das zu erklären? Die Gruppe hatte buchstäblich etwas gesehen, was sie vorher nicht gesehen hatte. Sie hatte unter dem Eindruck der veränderten Augen-Tafel ihre Aufmerksamkeit neu geweckt. Ihr Bewusstsein konnte nicht mehr auf Informationen aus der Vergangenheit zurückgreifen, also auf statistische Muster, die unser Hirn auswertet und »Erfahrungen« nennt, sondern musste sich dem Neuen stellen. Der Grund liegt in dem gespeicherten Erwartungs-Programm in unserem Hirn. Bei der üblichen Tafel wissen wir aus Erfahrung (und auf einen Blick), dass das, was leicht beginnt, schwer endet. Das Erstaunliche ist, dass nicht nur unser Geist, sondern auch unsere Körper auf diese Information bei einem so »objektiven« Vorgang wie dem Sehen reagiert – als handele es sich um einen Marathonlauf, bei dem der Berg immer steiler und steiler und das Ziel immer ferner wird. Durch die umgekehrte Tafel wurde eine Routine gestört: Das Überraschende und Unerwartete verändert buchstäblich die Sichtweise auf die Dinge. Diese Routine ist so stark, dass die Versuchspersonen nicht einmal merkten, dass sie bei der umgedrehten Tafel besser sehen konnten. »Wir sind blind für das, was wir nicht erwarten«, schrieben anschließend die Wissenschaftler.[138]

Das Unerwartete ist bekanntlich nicht die Stärke der Computer. In der Regel führt das Überraschende zu »unerwarteten Ausnahmeverletzungen«. Es könnte dies einer der Gründe sein, warum wir ihnen so viel gestatten. Sie übertragen einen der tiefsten Wünsche des Menschen, den Wunsch nach Kontrolle, in eine neue soziale Wirklichkeit. Aber was die Wissenschaftler hier zeigten, war nichts anderes als das, was auch Roger Penrose aussprach, als er von der Begrenztheit der Algorithmen warnte: es gibt Dinge, die sich der Berechnung entziehen.

Computer können nicht sehen. Jedenfalls versteht ein Kleinkind besser, was es sieht, als jeder Computer. Um die Sehkraft der Computers zu verbessern, hat Google ein Spiel erfunden, in dem irgendwo auf der Welt zwei Menschen, die nichts Besseres zu tun haben, über das Internet die gleichen Bilder gezeigt bekommen. Sie müssen mit Schlüsselbegriffen beschreiben, was sie sehen, und bei jeder Übereinstimmung gewinnen sie Punkte, je präziser die übereinstimmende Beschreibung, je eindeutiger die Definition, desto höher die Punktzahl.[139] Wie beim »Mechanischen Türken« ist hier die Arbeit, die der Mensch für den Computer versieht, ein Spiel. Es handelt sich gewissermaßen um eine Augen-Karte für die Computer. Der »Image-Labeler« sammelt große Datenmengen, die Google wiederum in seine Algorithmen für eine immer perfektere Bildsuche einspeist. Irgendwann in nicht allzu ferner Zukunft werden die Computer statistisch berechnen können, wie wir sehen. Sie werden durch das Feedback die Muster immer besser verstehen, die unserer Wahrnehmung zugrunde liegen, daraus Algorithmen bilden und eindeutige, unhinterfragbare Antworten geben, die wiederzum zu Formeln über den menschlichen Sehsinn führen werden.

Das Experiment mit Snellens Augenkarte zeigt aber, dass gerade die Sensibilität für Neues, überraschende geistige und körperliche Stärken des Menschen zum Vorschein bringt. Aufmerksamkeit ist eben nicht das erstarrte Fixieren auf einen Gedanken, eine Idee, ein Bild, einen Gegenstand. Sie besteht nicht darin, wie beim einfachen Algorithmus einem Rezept zu folgen, das irgendwann, und sei es nach unendlichen Schritten, zu einem Ergebnis führt. Sie handelt mit Ungewissheiten. Die logische Aussage ist: »Das ist ein E«. Die schöpferische Aussage lautet: »Das könnte ein E sein«. Wie bei der Augenkarte sind die Wirkungen nicht nur geistig, sondern auch körperlich.

Die amerikanische Psychologin Ellen J. Langer und ihre Kollegin Alison Piper haben dies an einem anderen Experiment demonstriert, das nichts anderes ist als die Umkehrung der Verhaltenssteuerung durch intelligente Agenten. Es ist die Steigerung von intelligentem Verhalten durch Unsicherheit.

Die Wissenschaftlerinnen luden zwei Gruppen von Testpersonen unter dem Vorwand ein, psychologische Untersuchungen zum Verbraucherverhalten durchführen zu wollen. Der ersten Gruppe präsentierten sie eine Reihe von Gegenständen mit folgenden Worten: »Das ist eine Verlängerungsschnur«, »Das ist ein Föhn«, »Das ist ein Kauspielzeug für Hunde«. Bei der zweiten Gruppe zeigten sie die gleichen Dinge, aber sie bauten eine Unsicherheit in ihre Information ein: »Das könnte ein Haartrockner sein«, »Das könnte ein Kauspielzeug für Hunde sein« und so weiter. Am Ende dieser Aktion verteilten sie Formulare, die die Testpersonen mit Bleistift ausfüllen sollten. Doch kaum war das geschehen, riefen die Wissenschaftlerinnen scheinbar verzweifelt: »O nein, wir haben Ihnen falsche Anweisungen gegeben. Wir haben aber keine Formulare mehr und auch keinen Radiergummi. Was sollen wir jetzt tun?« Aufgeregt taten die Wissenschaftlerinnen so, als sei nun alles umsonst gewesen, weil sie ihre Untersuchung nicht beenden könnten.

Nun geschah Folgendes: die zweite Gruppe, denen die Objekte mit der unsicheren Information präsentiert wurden, hatten unbewusst verinnerlicht, dass man alle Gegenstände auch als etwas anderes sehen könnte als das, was sie zu sein schienen. Sie schauten sich das Kauspielzeug genauer an und benutzte es als Radiergummi. Der ersten Gruppe entging dieser Lösungsweg ausnahmslos.[140]

Wir lieben die Eindeutigkeit, denn je stärker sie ist, desto stärker unser Gefühl der Kontrolle. Das ist unsere Art, mit Risiken umzugehen. Wir entwickeln dann Routinen, die denen der

Computer ähneln. In einer Umwelt der Uneindeutigkeit müssen wir neue Kategorien entwickeln, in einer Welt des Eindeutigen bleiben wir in den Kategorien gefangen. Menschen haben ein Bedürfnis danach, dass Dinge so und nicht anders sein können. Intelligenztests sagen zum Beispiel wenig über das wirkliche Potenzial eines Menschen aus. Sie sagen, in den Worten Ellen Langers, nichts anders, als wie schnell jemand von Punkt A nach Punkt B gelangt.[141] Und dennoch werden sie zur Grundlage von fundamentalen Aussagen benutzt.

Ein anderes aussagekräftiges Experiment wurde lange vor der Wikipedia-Zeit mit Studierenden in Harvard durchgeführt. Den Studenten und Studentinnen wurde eine Aufgabe gestellt, in der sie ausgehend von dargebotenen Fakten sich Gedanken über Stadtentwicklung machen sollten. Wie bei dem vorangegangenen Versuch wurden ihnen die Fakten entweder als absolute Aussage oder als Möglichkeiten präsentiert, wobei in beiden Fällen diese angeblichen Fakten Widersprüche aufwiesen. Die Gruppe, denen die Fakten als Möglichkeiten und nicht als absolute Tatsachen vorgestellt wurden, fand kreative Lösungswege, während die andere Gruppe versagte. Ein Hinweis darauf, wie die Wissenschaftler bemerken, dass die Lehre in Schulen und Universitäten sehr viel mehr mit Unsicherheiten als mit vermeintlichen Sicherheiten operieren sollten.

Ein ganz einfaches Experiment war das »Lehrbuch-Experiment«.[142] Die Wissenschaftler nahmen sich das Prüfungsmaterial für eine der wichtigsten Examensprüfungen in der Finanzwissenschaft vor. Alles, was sie taten, war, jede Aussage, die absolut formuliert war, etwas bedingter auszudrücken, zum Beispiel wurde aus: »Kommunalobligationen werden von Einzelstaaten ausgegeben« die Version »In den meisten Fällen werden Kommunalobligationen von Einzelstaaten ausgegeben«. Die Versuchspersonen waren Harvard-Studenten, die in zwei Gruppen aufgeteilt wurden. Die eine Gruppe bekam den absoluten Text, die andere die flexiblere Version.

Beim »Multiple choice« schnitten beide Gruppen ungefähr gleich gut ab, aber dort, wo die Informationen kreativ umgesetzt werden sollten, war »die Gruppe, die sich mit der flexibleren Information auseinandergesetzt hatte, der anderen Gruppe deutlich überlegen«.[143]

Das Erstaunliche ist, dass die Forscher positive Effekte *unsicherer* Information in vielen konkreten, vor allem medizinischen Fällen nachweisen konnten. Es ist, wie Ellen Langer in einem schönen Bild formuliert, wie der Unterschied zwischen einer analogen und einer digitalen Uhr. Wenn Sie jemanden mit einer digitalen Uhr nach der Uhrzeit fragen, wird er Ihnen meist die absolut korrekte Zeit nennen. Bei der analogen Uhr tauchen vage Formulierungen auf wie »kurz nach«, »gleich ist es« usw.[144]

Sogar für die körperliche Regenerationsfähigkeit macht es manchmal einen großen Unterschied, ob medizinische Diagnosen als Information oder Möglichkeit weitergegeben werden. Worte wie »vielleicht« oder »womöglich« spielen dabei eine Rolle, doch sind die meisten Menschen nicht mehr in der Lage, darin offene Möglichkeiten zu erkennen. Die beiden französischen Psychologen Jean-François Bonnefon und Gaëlle Villejoubert haben in einer Studie Ärzte aufgefordert, sich sehr viel klarer über die Grenzen ihres Wissens zu äußern. Es stellt sich bei ihren Experimenten heraus, dass ein einfaches »vielleicht« nicht ausreicht, um Unsicherheit auszudrücken. Werden Menschen harmlose Diagnosen gestellt (»Sie werden vielleicht nicht schlafen können«), interpretieren sie die Einschränkung als Möglichkeit, oft sogar als Unwahrscheinlichkeit. Bei ernsten Diagnosen (»Sie werden vielleicht taub werden«) empfinden Menschen das »vielleicht« als einen Ausdruck des Takts und der Höflichkeit und neigen dazu, das Allerschlimmste zu befürchten.[145]

Unser Glaube daran, dass unser Leben eine berechenbare Information ist, hat Folgen: Die »Aufmerksamkeitsdefizite« betreffen uns selbst und die Art, wie wir uns sehen.

Seit den siebziger Jahren sucht Ellen J. Langer nach einem Ausweg aus unserem selbstgebauten Gefängnis. Von ihr stammt das Experiment mit der Augentafel, und es ist nur eines von vielen, die zur Grundlage ihrer Theorie von »Mindfulness« wurden.[146] Eines von Langers spektakulärsten Experimenten ist die »Counter-Clockwise«-Studie. Wörtlich: »Die Gegen-den-Uhrzeigersinn-Untersuchung«. Wir werden sie uns nachher genauer anschauen. Im Kern geht es um Folgendes: Wir können die Informationsflut nicht bändigen, aber wir können lernen, ohne Ich-Erschöpfung aufmerksam zu werden. Wir können *ohne* Anstrengung und auch ohne meditative oder mystische Verfahren den Muskel Selbstkontrolle stärken. Und dies gelingt im besten aufklärerischen Sinne durch Denken und Perspektivwechsel. Langer nennt das »Mindfulness«, was in Deutschland mit »Achtsamkeit« übersetzt wird, aber der von allen pädagogischen Ermahnungen befreite Begriff »Aufmerksamkeit« trifft es besser.

Langers Arbeit ist untrennbar mit dem Aufkommen der Computer verbunden. Sie war eine der Ersten, die ihre Bedeutung klar erkannte, und bis heute hält sie es für undenkbar, dass wir auf Computer verzichten. Eben deshalb – weil die Antwort nicht Abschaffung sein kann – plädiert sie umso nachdrücklicher dafür, dass wir Wege finden müssen, um dem Zwang von Berechenbarkeit, Vorhersage und Kontrolle zu entgehen.

Menschen können »geweckt« werden, sie reagieren, wenn sie mit einer anderen Perspektive konfrontiert werden. Sie sind bereit, ihre eigenen Annahmen infrage zu stellen und neu zu denken. Das allerdings setzt voraus, dass sie begreifen, dass keine Information Ungewissheiten beseitigt, sondern dass Ungewissheiten die Voraussetzung ihrer Freiheit ist.

DAS COUNTER-CLOCKWISE-EXPERIMENT

Schärfen wir für einen Augenblick unser Gefühl für das Unmögliche. Im Jahre 1979 – »das letzte Jahr vor dem digitalen Tsunami« (Bill Gates) – führte Langer ihre »Gegen-den-Uhrzeigersinn«-Studie durch. Ein Experiment, das so ziemlich allem zuwiderlief, was wir an ähnlichen Experimenten kennen, und deshalb nur mit erstaunlicher Verzögerung in der Wissenschaft rezipiert worden ist.[147] Langer suchte sich eine Gruppe, die traditionell am schwächsten Glied der Informationskette steht: alte Leute, die von dem auf sie einströmenden Neuen überfordert scheinen. Sie scheitern als Empfänger von Nachrichten, weil sie schlecht hören, sie können kaum mehr Aufgaben gleichzeitig erledigen, und sie scheitern auch als Absender, weil sie nicht oder falsch verstanden werden. Sie sind gleichsam lebende Informationsartefakte: Sie haben alles schon einmal gehört. Ihr Aufmerksamkeits-Muskel scheint erschlafft, und die Ich-Erschöpfung kann bei ihnen chronische Züge annehmen. In gewisser Weise sind sie Symbole der Informationsüberflutung auch in Zeiten, als es noch keine Computer gab.

Langer hat einen drehbuchreifen Plan: Was würde geschehen, wenn man den alten Menschen die Kontrolle über die Informationen zurückgeben würde, indem man die Uhr psychologisch zurückdreht? Sie beschloss, die Welt von 1959 wieder zum Leben zu erwecken.

Die Wissenschaftler fanden ein altes Kloster, das sie für eine

Woche mieteten, und gaben den Teilnehmern – siebzig bis achtzigjährigen Männern – eine Reihe von Verhaltensregeln. Jedes Gespräch und jede Diskussion sollte im Präsens, in der Gegenwartsform, geführt werden. Die Teilnehmer durften keine Bücher, Zeitungen, Familienfotos mitbringen, die jünger waren als 1959. Außerdem mussten die Probanden ihre Lebensgeschichten im Präsens aufschreiben, als seien sie im Jahre 1959, und Fotos von sich aus der damaligen Zeit schicken, die an alle anderen Teilnehmer versandt wurden.

Eine Kontrollgruppe wurde an einen anderen Ort gebracht. Hier sollte das Jahr 1959 nur Erinnerungsstoff sein. Die Teilnehmer brachten aktuelle Fotos, Zeitungen und Zeitschriften mit, schrieben ihren Lebenslauf in der Vergangenheitsform, durften in der Vergangenheitsform reden und bekamen so die ständige Information, dass 1959 Vergangenheit sei.

Vorausgegangen waren umfassende Recherchen. Die Forscher suchten nach allen Details des Jahres 1959: Die politischen und sozialen Debatten, die Fernseh- und Radioprogramme, die Möbel, Geräte und Gegenstände – es entstand eine vollkommene Kopie der Welt von gestern.

Es muss, nach dem Bericht, den Ellen Langer gab, ziemlich filmreif gewesen sein: Gespräche über den ersten US-Satelliten, der »letztes Jahr« (1958) gestartet sei, Fidel Castros Vormarsch auf Havanna, Nat King Cole singt im Radio, und im Fernsehen läuft »Ben Hur«. Abends spricht Dwight D. Eisenhower an die Nation.

Dann wurden die Teilnehmer mit Informationen bombardiert. Ihnen wurden in schneller Folge Fotos von Groucho Marx, Elvis Presley oder Nikita Chruschtschow gezeigt und ihre Reaktionszeit gemessen. Ihre Bewegungsabläufe, Körperhaltung und ihre Gesten wurden am Anfang und am Ende des Experiments auf Video aufgenommen, ebenfalls die Art, wie sie ihre Mahlzeiten einnahmen, ob sie von selbst in die Küche gingen oder auf Hilfe warteten und so weiter.

Aufnahmen, die vor und nach dem Experiment gemacht wurden, wurden von nicht eingeweihten Betrachtern in die umgekehrte Reihenfolge eingeordnet. Sie schätzten, dass die späteren Fotos um Jahre jüngere Männer zeigten. Die Männer bewegten sich schneller, gingen mit Informationen der wirklichen Gegenwart freier um und waren insgesamt gesünder. Die überraschenden Beobachtungen ließen sich nicht durch einen »Urlaubseffekt« erklären, denn sie traten bei der Kontrollgruppe nicht oder nur sehr vermindert auf, und in vielen Fällen verschlimmerte sich deren Gesundheitszustand sogar.

Bei der ersten Gruppe hingegen entwickelte sich Arthritis zurück, die Beweglichkeit verbesserte sich, erlernte Hilflosigkeit oder Passivität verschwand fast vollständig. Die Menschen saßen aufrechter, Fingerfertigkeiten nahmen zu, die Sehkraft verbesserte sich signifikant. Am deutlichsten aber war der Gewinn an geistigen Fähigkeiten: In Intelligenz- und Konzentrationstests schnitten die Männer viel besser ab als vor dem Experiment – und weitaus besser als die Kontrollgruppe.

Hier ging es nicht nur um eine Verbesserung mentaler und körperlicher Fähigkeiten bei Menschen, denen nur noch Verfall unterstellt wird. Entscheidender ist eine andere Erkenntnis: Die Menschen wurden gesünder, weil ihr Gehirn sich die Informationen unterordnete. Keine Information konnte in dieser Zeitreise so dringend sein, dass man ihr nachhetzen musste, denn alles war schon geschehen, und doch war alles neu. »Wir lesen in Zeitschriften Artikel um Artikel«, schreibt Ellen Langer, »es gibt Berge von Büchern und Fernsehsendungen. Wir sind besessen von Gesundheit und Fitness. Doch wenn wir genauer hinschauen, erkennen wir, dass wir nichts wissen. Aufmerksamkeit für die Gesundheit hat nichts damit zu tun, ärztliche Empfehlungen anzunehmen oder zu ignorieren, noch mit New-Age-Medizin. Es geht einzig und allein darum, uns von begrenzenden Denkweisen zu verabschieden.«[148]

Die Ergebnisse dieser Studie wurden in Hunderten anderen Arbeiten bestätigt, aus dem Bereich der Gesundheit, des Lernens, der Kreativität. So wurden an Patienten Bewältigungsstrategien bei Operationen untersucht. Eine Gruppe bekam sämtliche statistische Informationen über zu erwartende Schmerzen, Operationsverlauf, statistische Gefahren, den Genesungsprozess, Erklärungen – in der Hoffnung, ihnen damit das Gefühl zu geben, durch die Informationen das Gefühl von Kontrolle zu bekommen. Einer anderen Gruppe wurden keine solchen Informationen gegeben. Stattdessen wurde ihnen klargemacht, dass nur sie selbst die Operation einordnen konnten, und das jede Information immer nur eine Expertenvorhersage sei, also aus der Perspektive eines Beobachters und einer vergangenen Erfahrung stamme. Jetzt sollten sie etwas anderes tun: die Ergebnisse nicht aus dem Blick ihres vergangenen Wissens, sondern ihres künftigen Lebens beurteilen.

Die Wissenschaftler forderten die Patienten auf, sich die Vorteile klarzumachen, »beispielsweise, dass man Zeit hat, seine Ziele zu sichten und zu prüfen, sich wieder intensiver den Freunden und Angehörigen zu widmen, deren Beziehung man als zu selbstverständlich hingenommen hat«. Im Ergebnis benötigte diese Gruppe weniger Schmerz- und Beruhigungsmittel als die informationsgesättigte Gruppe. Immer ging es darum, Fakten nicht als Gesetze anzuerkennen und stattdessen neue Hypothesen zu entwickeln; kurz »den eigenen künftigen Erfahrungen Bedeutung zu verleihen«.[149]

In gewisser Weise wurden die Patienten »abgelenkt«. Aber diese Ablenkung bestand nicht darin, sie mit anderen Informationen zu füttern oder den Fernseher anzuschalten. Ihnen wurde klargemacht, dass selbst ärztliche Informationen kontextbezogen sind, keine hundertprozentige Aussage über die Zukunft treffen können und dass nur sie selbst es seien, die die Antwort geben. Diese Denkoperation, die genau nicht in Rezepten (Algorithmen) bestand, hatte unmittelbare Auswirkungen auf die Selbstwahrnehmung der Patienten bei und nach der chirurgischen Operation. Mathematisch wären diese Ergebnisse, in der Lieblingsformulierung der Statistiker, »anekdotisch« gewesen. Aber für den Einzelnen steckt in dieser nicht verallgemeinerbaren Anekdote seine ganze Lebensgeschichte. Und eine also doch verallgemeinerbare Erkenntnis: Nicht die Information selbst, der Perspektivwechsel trainiert den Muskel.

Was zeigen diese Geschichten? Sie zeigen, dass, wenn wir unser Leben nicht an Statistiken hängen, wir im Zweifel besser damit fahren. Und Statistiken sind nicht nur Zahlentabellen: Sie betreffen jeden Informationsreiz, dem wir eine Bedeutung zumessen.

Warum aber fällt uns dieser Perspektivwechsel so schwer? Warum halten wir die »Gegen-den-Uhrzeigersinn«-Studie gern für Hokuspokus? Und warum wird diese Unfähigkeit zum Perspektivwechsel im digitalen Zeitalter bei manchen Menschen sogar zur Lebenskrise? Weil wir ständig alarmiert sind statt aufmerksam. Der Hauptgrund unserer Unfähigkeit zum Perspektivwechsel ist die Angst vor Kontrollverlust. Zur Bekämpfung der eigenen Unsicherheit brauchen wir das, was die Computer so perfekt beherrschen und was sie uns aufdrängen: eine statistische Vorhersage. Doch um die zu deuten, muss der Mensch selbstbewusst die Perspektive wechseln, um nicht nur einer Illusion von Kontrolle zu erliegen. Und in manchen Fällen entscheidet die Illusion über Leben und Tod.

Erinnern wir uns als Beispiel an die Fehldeutungen von Brustkrebs-Statistiken, die der Bildungsforscher Gerd Gigerenzer aufgedeckt hat. Wie groß ist die Wahrscheinlichkeit, dass ich wirklich Krebs habe? Man würde meinen, dass es in Zeiten der Computer darauf eine allgemeinverbindliche Antwort gibt. Doch die Antworten der Ärzte variieren von 1 Prozent bis in den zweistelligen Bereich. Ein Drittel der Ärzte, die Gigerenzer befragt hat, darunter Klinikchefs mit langjähriger Erfahrung, gaben aufgrund der Statistiken eine Wahrscheinlichkeit von 90 Prozent an. Wie lautet die richtige Vorhersage? Gigerenzer klärt die Ärzte auf, indem er die statistischen Daten auf ihre eigene Lebenswirklichkeit herunterbricht. »Stellen Sie sich 100 Frauen vor. Eine von ihnen hat Brustkrebs. Das ist 1 Prozent. Diese Frau wird mit einer 90-prozentigen Wahrscheinlichkeit getestet. Von 99 Frauen, die keinen Brustkrebs haben, werden neun oder zehn Frauen positiv getestet. Wie viele von ihnen haben wirklich Krebs? Eine von zehn. Nicht 90 Prozent, nicht 50 Prozent, sondern eine von zehn.«[150]

Ähnliches gilt für die Diagnose von Prostata-Krebs durch den PSA-Test, der die Gefahr einer Erkrankung sogar noch steigern kann. Die Untersuchung kann, wenn man sie häufig macht, das Positiv-Resultat selbst produzieren. »Es ist wie der Auto-Alarm, der dauernd angeht.«[151] Aber das Entscheidende ist auch hier, dass die einzig relevante Information der statistisch nicht verallgemeinerbare eigene Körper ist. Einer von vier Männern, die nicht an Prostatakrebs sterben, weisen bei der Autopsie Prostata-Krebszellen auf. »Jeder hat Krebszellen. Wenn jeder dieser armen Kerle sich einem PSA-Test unterzogen hätte, hätte er die letzten Jahre oder Jahrzehnte seines Lebens mit körperlichen Verstümmelungen leben müsssen.«[152]

Es geht nicht darum, dass die Computer falsch rechnen – was sie unter Umständen auch tun. Es geht darum, dass die Art, wie wir die Informationen präsentieren, uns die Chance zur freien

Wahl nimmt. Sie wiegen uns in falscher Sicherheit, weil man nicht in der Lage ist (die Berliner Wissenschaftler würden sagen, nie gelernt hat), den begrenzten Aussagewert der Statistik zu übersetzen.

Gut, sagen die Softwarefirmen, dann erklären wir, wie man die Informationen *versteht*: per Computerprogramm. Wenn ein Computer schon benutzt wird, um über die geistige Produktivität von Tausenden von Mitarbeitern zu urteilen, warum nicht auch dazu, ihre geistigen Defizite auszugleichen? Allerdings selbst wenn das gelingt, entgegnet Gerd Gigerenzer, »kann der Computer bestimmte kognitive Fähigkeiten nicht ersetzen. Wenn zum Beispiel ein Arzt nicht versteht, dass 5-Jahre-Überlebensraten beim Krebs-Screening nichts darüber aussagen, ob ein Patient durch Screening länger lebt, dann hilft auch das Programm wenig. Wir führen gerade eine Untersuchung von Ärzten zu diesem Thema durch, und die vorläufigen Ergebnisse weisen darauf hin, dass etwa 90 Prozent der Ärzte diese Statistik falsch verstehen. Am Ende muss man erst lesen lernen, bevor man zum Computer geht.«[153]

MODEN, TRENDS, BLASEN UND HYPES

Sollte sie ein Pulverfass anzünden oder nicht? Diese Frage konnte ihr Google nicht beantworten. Es war die Frage, die sich die Schriftstellerin Karen Herlihy in einem autobiografischen Bericht stellte, als sie eines Tages in Facebook auf den Account ihrer leiblichen Mutter stieß.[154] Karen hatte es bereits im wirklichen Leben versucht, hatte bereits auf anderen Wegen die Adresse ihrer Mutter herausgefunden. Aber ein verabredetes Treffen am Flughafen fand nicht statt. Die Mutter erschien einfach nicht. Sie hatte Karen vor Jahrzehnten zur Adoption freigegeben, und obwohl Karen sie verzweifelt darum gebeten hatte, war sie nicht bereit gewesen, mit der mittlerweile erwachsen gewordenen Tochter auch nur zu reden: Keiner in ihrem neuen glücklichen Leben, so die Argumentation, wisse von der Tochter, und das solle auch so bleiben.

Es gab also keine Verbindung, bis der Computer eines Tages den Kontakt herstellte. Und zwar, so wie Computer das zu tun pflegen, durch einen Knopfdruck. Karen entdeckte ihre Mutter beim googeln bei Facebook. Auf dem Bildschirm leuchtete der Schalter »Als FreundIn hinzufügen«. Sollte Karen den Account hacken, ihr Foto reinstellen und darunter schreiben »Hallo! Mich gibts auch noch!«? Die anderen Kinder ihrer Mutter anmailen, die Freunde antwittern, die Karen sich durch die Freundschaftsliste ihrer Mutter binnen Sekunden zusammengegoogelt hatte? Sie wurde geradezu überflutet mit Informationen aus der verschlossenen Welt ihrer Mutter und wusste zugleich, dass sie mit einer einzigen Information diese ganze Welt in die Luft sprengen konnte. Ob sie das tun sollte oder nicht, darauf gab der Computer keine Antwort. Es war ein Fehler, die Mutter zu googeln. »Deine Mutter ist ein Computer. Sie ändert ihr Konzept nicht«, sagte ihr Freund, und dieser Vergleich überzeugte sie. Trotz ihrer Wut verzichtete sie darauf, das Leben der Mutter zu hacken. Sie gibt auf, verstört davon, dass sie nicht wegrennen konnte und für alle Zeiten im Netz in unaufhebbarer Nähe zu ihrer Mutter existieren würde.

Interessant ist, wie Karen Herlihy diese Resignation im Zeitalter der Informationstechnologien formuliert: »*Ich werde nichts mehr suchen, was nicht durch eine Internet-Suche gefunden werden kann.*«

Was bedeutet das? Wir suchen nur noch das, worauf wir Antworten bekommen können. Es ist, als befände man sich ausgestattet mit modernster Technik in einem mittelalterlichen Kosmos, in dem Menschen glauben wollten, dass nicht alles eine Antwort hat. Auch die Bibel war einst eine große Suchmaschine, die eine Antwort auf alles wusste. Und wusste sie die Antwort nicht, war es besser, nicht danach zu suchen.

Aber nicht die Antworten unterscheiden uns von den Maschinen, sondern die Fragen. In der digitalen Gesellschaft, prophezeit sehr zu Recht der digitale Vordenker Kevin Kelly, werden die richtigen Fragen wertvoller sein als die Antworten.[155]

Worum es hier geht, ist die Verwaltung von Schicksal in der Ära der Datenbanken. Es wäre sogar möglich, die Wirkungen zu simulieren, die die Intervention von Karen gehabt hätte – vorausgesetzt, man hat genügend Daten von Mutter, Tochter und ihren Freunden. Aber das hieße immer noch nicht, dass man versteht, was sich abspielt. Es ist wie bei den Krankheits-Statistiken.

Kein Mensch, auch kein Physiker, kann sich »bedingte Wahrscheinlichkeiten zweiten Grades« wirklich vorstellen. Sie sind, unmathematisch gesprochen, sehr nahe an dem dran, was wir Schicksal nennen. Begreift man das, kehrt jene Unsicherheit in unser Leben zurück, die uns wieder zu produktiven, handelnden Menschen macht, die ihr Schicksal nicht in die Hände des großen Rechners geben. Dazu ist es nötig, dass man erst einmal begreift, dass wir Fehler machen, über die uns ein Computerprogramm nicht aufklären kann. Können wir Fehler noch erkennen? Oder anders ausgedrückt: Können wir noch die andere Perspektive einnehmen, obwohl wir das Verständnis für die Fehler verloren haben?

»Perspektivwechsel« – menschenorientierte Heuristiken – sind mehr als nur eine nette Anregung, die Dinge auch mal anders zu sehen. Wenn die Menschen sich erst einmal daran gewöhnt haben, ihr Leben aus der verarbeiteten Datenmenge zu beurteilen und nicht mehr aus anderen Wahrscheinlichkeiten – wo wird die Vorstellungskraft herkommen, das Leben nach *anderen* Regeln zu beurteilen als denen, die die Rechner uns präsentieren? Das betrifft nicht nur die Menschenoptimierungssoftware, die, wie wir gesehen haben, bereits heute Kreativität, Intelligenz und künftigen Lebenslauf errechnet. Es beginnt bereits bei Facebook und Myspace, die einst als Spiel anfingen und nun in den Augen vieler mehr über einen Menschen aussagen, als der Mensch selbst – so sehr, dass sie einen ganzen Karriereweg ruinieren können. Es betrifft Schüler und Studenten, deren Leistungen computergestützt bewertet werden oder deren Lerninhalte computerverträglich sein müssen. Es betrifft die Babys, deren ganzes Leben in einer für uns heute noch nicht durchschaubaren Weise im Netzwerk beginnt und im Netzwerk endet, es betrifft Meinungsbildungsprozesse, Moden, Trends.

Auch Journalisten müssen im Netz längst nach algorithmischen Regeln schreiben, die das Denken dem Computer unterwerfen. Texte müssen nach Pyramidenstrukturen verfasst werden, in denen das Neue nach oben gehört, der Hintergrund nach unten; Schlüsselbegriffe werden vorgeschrieben und Wortlisten angelegt, und dies alles nur, damit Google die Texte findet. Je besser die Google-Codes werden, desto präziser die Werbung, die sie mit den Gedanken verbinden können – ein einziger Metatext, der etwas völlig anderes geworden ist als das, was wir bisher kennen.

»Wir scannen die Bücher, damit der Computer sie liest, nicht damit Menschen sie lesen.« Der Satz betrifft mittlerweile auch das Schreiben. Und es ist offensichtlich, dass dies bei Schreibenden wie bei Lesenden ein Denken produziert, das die Verflechtung von Informationen und Gedanken auflöst und Information in den Dienst der Verwertbarkeit stellt. Die nächste Stufe ist die dadurch immer geringer werdende Aufmerksamkeitsspanne von Leser und Schreiber. Es ist ein Teufelskreis, in dem das immer unwirtschaftlicher wird, was mehr Aufmerksamkeit erfordert. Am Ende können wir es uns buchstäblich nicht mehr leisten, ein Buch zu lesen. Wer ist hier der Handelnde? Wir oder der Computer?

Wir sind uns unserer inneren Freiheit zu sicher, weil wir immer noch glauben, die große Überwältigung käme von außen und nicht, wie sie es in der Huxley-Version tun wird, von innen. Der Computer auf unserem Schreibtisch ist kein Einstein und das Handy ist kein Newton. Die Intelligenz der Computer bezwingt uns nicht, weil sie so groß ist, sondern weil sie so verbreitet ist. Die alten Kulturen wurden von der Intelligenz der Natur umgeben, die ihnen Bilder und Maßstäbe lieferte. Unsere Urgroßeltern wurden von der simplen Intelligenz der Motoren und Maschinen geprägt, die zu einem Selbstverständnis vom Menschen als Verbrennungs- und Leistungsmaschine führte.

Wir werden von der Intelligenz der Rechner geprägt, der wir auf Schritt und Tritt begegnen. »Sie wird nicht sofort als Intelligenz erkannt werden«, schreibt Kevin Kelly, dessen bereits 1991 erschienenes Buch »Out of Control« die Debatte über die Zukunft der digitalen Welten wie kein anderes geprägt hat und zur Grundlage des Kinofilms »Matrix« wurde, »ihre Allgegenwart wird sie verbergen … Sie werden dieser verteilten Intelligenz überall begegnen, durch jeden digitalen Bildschirm, überall auf der Welt. Es wird schwer zu sagen sein, was es ist. Es ist eine Kombination von menschlicher Intelligenz (alles, was Menschen in der Vergangenheit gelernt haben, alle Menschen, die in diesem Augenblick online sind) und eines fremden digitalen Gedächtnisses. Ist es ein Gedächtnis oder eine einvernehmliche Vereinbarung? Durchsuchen wir sie, oder werden wir von dieser Intelligenz durchsucht?«[156]

Wie hat man sich das in einem konkreten Fall vorzustellen? Man muss sich klarmachen, dass Karen Herlihys Schicksal und ihre Gedanken nicht in einem Buch, sondern im Internet stehen. Dort sind sie jetzt bereits, da die »New York Times« dies durch ihre Schnittstellen gestattet, in Blogs eingebaut oder durch Twitter-Links vernetzt. Suchmaschinen greifen nicht nur auf den Text zu, sondern auch auf die, die nach ihm suchen. Sie haben jetzt bereits einen Zusammenhang zwischen »information overload« (mein Suchbegriff) und diesem Text hergestellt, einer von Tausenden, virales Marketing hat Karens Reflexion bereits infiziert und mir ein Buch über Liebe angeboten. Der Schlüsselbegriff »Facebook« ist so stark, dass er Myriaden neue Vernetzungen ermöglicht, der Absender (die »New York Times«) eine von den Agenten sehr hoch gewertete Informationsmaschine, die die Vernetzung weiter beschleunigt, Wendungen wie »Was soll ich tun?« werden in Risiko-Management-Algorithmen überführt und gleichzeitig darauf abgetastet, welche Antwort der Computer in seinen unermesslichen Datenbanken findet. Der Reflexionsprozess von Karen, einer von Milliarden, ist jetzt zu einem winzigen Teil der Reflexionsprozesse der Maschinen geworden, die ihn zerstückeln, umbauen und zu neuen Antworten modellieren. Die nächste Generation intelligenter Agenten wird – ohne »nachzudenken«, nur durch die unermessliche Verknüpfung – in der Lage sein, daraus personalisierte Entscheidungssysteme zusammenzubauen: »Übersetzungen« fremder Lebensschicksale in unser Schicksal. Programme wie »Google Wave«, die E-Mails, Blogs und Echtzeit-Funktionen ganz neu verbinden werden, geben dieser Transformation weiteren Auftrieb.

Wem die Fantasie fehlt, sich das vorzustellen, sollte sich die immer besser funktionierenden Übersetzungs-Programme von Google ansehen. Google bringt den Computern nicht Grammatik bei, Google-Software versteht kein einziges Wort von dem, was sie übersetzt, sondern die Menschen füttern die Maschinen mit riesigen Massen von Material, das von *Menschen* übersetzt wurde – für die Übersetzung Englisch-Französisch beispielsweise alle verfügbaren Dokumente, die in Kanada zweisprachig erstellt wurden, für Deutsch den Datenbestand von EU-Übersetzungen. Auf die gleiche Weise werden wir imstande sein, Grammatiken des individuellen Lebens zu rekonstruieren und abrufbar zu machen und damit Veränderungen in der »wirklichen« Welt auslösen können, die wir so bisher allenfalls in den Hypes und Manien des Aktienmarkts gekannt haben.

Und genau an diesem Punkt erweist sich, warum das Erschlaffen des Aufmerksamkeits-Muskels, jener Fähigkeit zum »Perspektivwechsel«, von dem Ellen Langer sprach, nicht nur eine Begleiterscheinung moderner Kommunikation ist, sondern ihr Wesen, und warum Perspektivwechsel der Ausweg ist.

Es ist der Punkt, an dem die neue Informationswelt unsere Vorstellung von Schicksal verändern wird. Es ist der Moment, wo wir nicht nur unsere Kaufentscheidungen, sondern unsere Lebensentscheidungen von dem abhängig machen, was in den Computern an Wissen gespeichert und an Erfahrungen kommuniziert wird.

Das hat damit zu tun, dass viele wichtige Entscheidungen im Leben im Grunde sehr einfach, in der Computersprache »binär«, sind. Tun oder Nicht-Tun, ein Auto kaufen oder nicht, Schokoladenkekse essen oder nicht, eine Diät machen oder nicht, ein Pulverfass anzünden oder nicht. Diese Fragen kann man sich am Ende nur selbst beantworten, und diese Selbst-Beantwortung ist die Form von Aufmerksamkeit, deren Bedeutung Ellen Langers Experimente gezeigt haben. Aber wir beantworten sie nicht selbst. Wir merken noch nicht einmal, dass wir gerade wichtige Fragen von anderen beantworten lassen.

Die meisten Leute wundern sich, wenn Moden, Trends, Blasen oder Hypes plötzlich aus dem Nichts entstehen und ebenso plötzlich wieder verschwinden. Aber wir wissen mittlerweile genau, wie sie entstehen. Es sind »Informations-Kaskaden«, die einem sehr einfachen Prinzip folgen. Jeder kennt das, dass er sich plötzlich einer Mehrheitsmeinung anschließt, obwohl er nicht überzeugt ist. Oder einen Kult-Drink trinkt, nur weil ihn alle trinken. Der Jurist Cass R. Sunstein hat das an einem eingängigen Beispiel illustriert.[157] Nehmen wir an, Sie sitzen in einer Gruppe zusammen, in der eine Entscheidung getroffen werden soll, ob man sich ein Elektroauto oder einen Benziner kaufen soll. Keiner im Raum hat bei so einer Frage die wirklich entscheidende, absolut eindeutige Information, die die Antwort selbstverständlich macht – sonst säße man ja nicht beieinander. Es geht der Reihe um, jeder spricht nacheinander. Jeder hat eine Meinung, was er für richtig hält, aber jeder hört natürlich auch auf das Urteil der anderen.

Als Erstes meldet sich Maria, die sich sicher ist, dass man ein Elektroauto kaufen sollte. Jetzt kommt Peter. Entweder will Peter auch in ein Elektroauto investieren, dann ist die Sache klar. Es könnte aber auch sein, dass Peter zum Benziner tendiert. Wenn er Marias Urteil so traut wie seinem eigenen, ist die Sache unentscheidbar – er könnte genauso gut würfeln. In unserem Fall entscheidet sich Peter auch für das Elektroauto. Als Dritter meldet sich Hans. Hans ist überzeugt, dass Elektroautos nichts taugen. Er glaubt an Benziner, hat aber auch keine endgültige schlagende Information. Was nun folgt, ist eine Informationskaskade: Hans könnte sich nämlich trotzdem für das Elektroauto entscheiden, auch wenn er die Entscheidung für einen Fehler hält. Person 1, so lautet unsere unbewusste Überlegung, muss etwas gewusst haben, um sich mit 51-prozentiger Sicherheit für das Elektroauto entschieden zu haben. Person 2 hat entweder Informationen gehabt, die auch für das Elektroauto sprechen, oder sie hatte Informationen, die für den Benziner sprechen. Die waren aber augenscheinlich nicht überzeugend genug. Alles spricht also dafür, das Elektroauto zu wählen, wer weiß, vielleicht wissen die anderen ja mehr als wir. Sitzen an diesem Tisch noch drei weitere Personen, alle mit unvollständigem Wissen ausgestattet (und wer könnte bei solchen Dingen schon wirklich wissen, welcher Weg zum Ziel führt), ist es mehr als möglich, dass sie sich dem Urteil von Maria anschließen, auch wenn sie das Urteil für einen Fehler halten.

Solche Kaskaden erklären viele Moden und Massenphänomene, wo Menschen, die unsichere Informationen haben, sich anderen anschließen, ohne dass das, siehe Aktienblasen, irgendwas über den Wert der Information aussagt. Im Gegenteil: Maria könnte alle, die sich ihr anschließen, ins Unglück führen, etwa so, wie die Börsengurus des Jahres 2008 es mit vielen Menschen getan haben.

Diese Kaskaden sind das Wesen des Internets, denn sie werden durch die Algorithmen, die die Entscheidungen in Links oder Suchbegriffe, in Traffic oder Feedbacks übersetzen, noch gesteigert. Wie dramatisch synthetische Informationskaskaden funktionieren können, zeigt im Augenblick Twitter, der populärste Vorbote digitaler Kommunikation. Twitter, dem in Kürze weitaus mächtigere Systeme im Echtzeit-Internet folgen werden, ist nichts anderes als ein Gerät, um mit minimalen Mitteln Informations-Kaskaden zu erzeugen. 140 Zeichen Text können durch eine Art soziale Infektion potenziell globale Lemming-Effekte auslösen.

Wenn Ashton Kutcher, der mehr Followers hat als fast alle deutschen Tweeds zusammen, den Satz schreibt »Schaue aus dem Fenster«, könnte diese Information schon ausreichen, eine Kaskade auszulösen. Das Problem liegt auf der Hand: das kann einerseits zu aufklärerischen Effekten führen, wie die rein aus dem Internet geborenen Aktionen gegen die Netzsperren.

Das Netzsperrengesetz ist ein Paradebeispiel unvollständiger Information von Seiten einer Regierung. An ihm stimmten weder die behauptete Marktplatzfunktion des Netzes, noch die Angaben über ökonomische Struktur des Marktes, noch die Behauptungen über die technische Wirksamkeit.

Aber viele Informationskaskaden produzieren Konformismus, vorhersehbare Entscheidungssituationen und Herdeneffekte, die das Gegenteil von individueller Aufmerksamkeit sind. Auch das ist einer der Automatismen, der zwar in unserem Leben tief verankert ist, den aber die neuen Technologien massiv verstärken. Es ist schwer, dagegen Widerstandskraft aufzubringen, wenn die Aufmerksamkeit bereits aufgefressen worden ist. Gleichzeitig kann es in jede Richtung ausschlagen. »Flaming«,

Cyber-Mobbing und permanente Gruppenaggressionen sind laut David Goleman so alt wie das Arpanet, der Vorgänger des Internets.[158]

Was aber wird geschehen, wenn die handelnde Politik den Raum des Netzes als neue Bühne erobert? Im Augenblick sind es in Deutschland gerade die traditionellsten Debattenforen – einfache Blogs, die auf die Kraft von Argument und Quelle bauen –, die neue Öffentlichkeiten schaffen. Darunter sind staunenswerte Erfolge. Wie zum Beispiel die »Nachdenkseiten« des einundsiebzigjährigen Albrecht Müller, die er zusammen mit Wolfgang Lieb betreibt. Allerdings ist die Frage, ob solche im besten Sinne alteuropäischen Diskurse im Augenblick nur deshalb so wirkungsvoll sind, weil die Politik die Einfluss- und Manipulationsmöglichkeit digitaler Kommunikation noch nicht verstanden hat. Künftig würden nicht mehr die Medien die Wirklichkeit mal besser, mal schlechter abbilden, sondern informelle Trends, deren Glaubwürdigkeit niemand nachprüfen könnte. Es wäre für die Politik ein Leichtes, mithilfe von Informationskaskaden ein völlig verändertes Bild der Wirklichkeit zu schaffen.

Was, wenn Kaskaden, wie sie erst seit der Erfindung des Netzes möglich sind, aus Gedanken und Gefühlen bestehen? Man darf nicht übersehen: Sie werden durch das Prinzip der algorithmischen Vernetzung durch Software so verstärkt, dass sie buchstäblich durch die Decke schießen können. Vorstufen davon kennt man. Ob gekaufte Blogeinträge und ähnlicher, oft robotererzeugter Spam. Das ist aber immer noch nichts im Vergleich zu dem, was die Zukunft bringen wird. Noch ist nicht jedermann bewusst, dass wir im Internet die gleiche Sprache wie die Maschinen sprechen. »Bot Mobs«, Informationskaskaden, die von Robotern, intelligenten Agenten ausgelöst werden, machen es unmöglich zu unterscheiden, ob Menschen ein

Thema ernst nehmen oder Roboter. Bots werden durch menschliches Kommunikationsverhalten nicht nur »geweckt«, sie lernen auch systematisch und immer besser dazu. »Alles, was wir über menschliches Verhalten und menschliche Kommunikation wissen, muss im Lichte der Bots umdefiniert werden«, schrieben Studenten der Universität Kansas, die im Netz groß geworden sind und die zunehmend anonymen Kommunikationserfahrungen ausgesetzt waren, bei denen sie nicht wussten, ob sie auf Menschen oder Maschinen reagierten.[159] Im Augenblick reagieren die Bots, eine Unterabteilung der »intelligenten Agenten«, vor allem auf Kauf- und Kommerzreize, die durch Schlüsselworte ausgelöst werden. Aber sie sind gerade dabei, die Grammatik unserer Gefühlswelten zu lernen.

Da im Internet nicht nur Waren ausgetauscht werden, sondern auch Gedanken und Gefühle, werden wir immer häufiger Gedanken-Moden und Gefühls-Trends erleben. Zu ihnen gehört auch die Facebook-Erfahrung von Karen. Wenn ich Freunden erzählte, dass eine amerikanische Schriftstellerin verkündet, nichts mehr zu suchen, worauf sie keine Antwort im Netz findet, war das mitleidige Befremden groß. Dabei ist es nur folgerichtig in einer Welt, in der nicht existiert, was nicht digital existiert.

ZUFÄLLE, DIE KEINE SIND

Die glühendsten Liebesbriefe, die uns unsere Computer schreiben, sind Statistiken. Damit gewinnen sie unser Herz. Wie oft wurde ich geklickt? Wer zitiert mich? Wie viele Freunde habe ich auf Facebook? Welches sind die angesagtesten Themen? Manchmal sind Torten dabei oder Gebilde, die wie Blumensträuße aussehen, wie Wolken oder antike Säulen. Aber das sind nur die Diagramme. Darunter stampft der Maschinencode der Software. Nicht nur die Suchmaschinen, die intelligenten Agenten, die Ebay- und sonstigen Plattformen leben von den Statistiken, auch die Welt der Blogs und Facebooks. »Meistgelesen« oder »Meistverschickt« sind ebenso selbstverständlich wie die Wortwolken, in denen die beliebtesten Begriffe kondensieren, die Freundschaftsstatistiken in den sozialen Netzwerken, die Webprotokolle von Google, in denen man sein eigenes Suchverhalten ablesen kann. Wenn man wirklich verstehen will, wie die digitale Welt unser Gefühl von uns selbst verändert, dann ist es dieser Sieg der Statistik: Wir wollen herausfinden, wer wir sind, indem wir herausfinden, was alle tun.

Je häufiger ich im Internet surfe, so die unbewusste Annahme, desto geringer die Wahrscheinlichkeit, dass ich etwas verpasse; je häufiger ich meine E-Mails abrufe, desto geringer die Wahrscheinlichkeit, dass ich die E-Mail verpasse, die mein Leben ändert; je häufiger ich nach der pulsierenden SMS sehe, desto geringer die Wahrscheinlichkeit, dass mich die Absage der Verabredung verfehlt (aber auch Dinge wie: je häufiger ein Thema meines Blogs kommentiert wird, desto wahrscheinlicher, dass es alle interessiert und so weiter) – wobei der gesunde Menschenverstand einem sagen müsste, dass all dies fast nie der Fall ist.

Es gibt keine wichtige Nachricht, die uns nicht erreicht. Das gilt nicht nur für die »Breaking News«, dass Oliver Pocher Vater wird, sondern auch für die, die wir über unser eigenes Leben bekommen. Und besonders dann, wenn die Kommunikationsform »Geld« geworden ist: An der Wall Street jedenfalls hat, wie nicht nur der veröffentlichte E-Mail-Verkehr der Lehman-Bank zeigt, dieses Verhalten niemandem genützt. Es hat nur unseren Sinn für unwahrscheinliche Ereignisse vernebelt. Oder mit Blick auf die Augentafel: »Wir sind buchstäblich blind für das, was wir nicht erwarten.«

Wenn, was alle tun, noch nicht einmal bei Snellens Augentafel stimmen muss, wie viel weniger dann dort, wo Menschen mit Menschen reden? Hydraulikpumpen lassen sich so berechnen, aber nicht menschliches Verhalten. Tatsächlich liegt der Liebesbeziehung zwischen Mensch und Computer an diesem Punkt ein tragisches Missverständnis zugrunde. Denn die Fehlertoleranz, die das menschliche Hirn entwickelt hat, um zu funktionieren – die Quelle nicht nur von Unklarheiten, sondern auch von Fantasie und Freiheit –, kennen die Computer nicht. Schon der große Computerpionier John von Neumann wies darauf hin, dass die Art, wie die Logik unseres Hirns und unser zentrales Nervensystem statistisch funktionieren, eher einem Wirtschaftssystem entsprechen als der polizeilichen Null-Toleranz des digitalen Computers. In den wunderbaren Worten von Neumann: »Wir müssen die Tatsache wieder und wieder betonen, dass kein existierender Computer zuverlässig auf einem so niedrigen Präzisionsniveau arbeiten kann, wie das menschliche Hirn.«[160] Es kann deshalb – anders als der Computer – eben auch viel besser auf Unerwartetes reagieren. Allerdings nicht, wenn wir uns plötzlich in die Sprache der Computer verlieben. Wir treiben unserem Hirn die Toleranz gewissermaßen aus. Trotz vieler Probleme haben wir im wirklichen Leben immer noch Daumenregeln, Intuitionen und Bauchgefühle, was wir wissen müssen, was wir vergessen können, was wichtig ist und was nicht. In den Netzwerken nicht: Wer kann beurteilen, was 8 Millionen Abrufe eines Youtube-Videos bedeuten? Muss man die Zahl ins Verhältnis setzen zu anderen Abrufen oder ins Verhältnis zu den Milliarden, die abrufen könnten, aber es nicht getan haben?

Es geht um weitaus mehr als die Fähigkeit, Bücher zu lesen oder Statistiken – es geht um die Fähigkeit, sein eigenes Leben zu lesen. Bisher hat das immer ganz gut funktioniert. Unser menschliches Hirn lernt nach statistischen Regeln. Was häufig vorkommt, wird verknüpft, was selten vorkommt, wird vergessen. Darum pauken wir englische Vokabeln, aber vergessen sie, wenn wir sie nicht benutzen. Wenn die Autoalarmanlage zum fünften Mal in der Stunde losheult, haben wir gelernt, dass wir nicht die Polizei, sondern die Werkstatt anrufen müssen. Diese Fähigkeit ist eine geniale Überlebensstrategie in unserer natürlichen Umwelt.

Anders sieht es bei der digitalen Umwelt aus, denn es ist eine Umwelt, in der jemand die Fäden zieht. Würde ein besonders gewiefter Einbrecher die Alarmanlage deshalb immer wieder auslösen, damit wir sie genervt ignorieren und er das Auto in Ruhe stehlen kann, würden wir zwar immer noch etwas lernen, aber leider das Falsche. Wird unser Verhältnis zu Informationen ein rein statistisches – jede Google-Suche ist nichts anderes als ein statistischer Akt, den man noch dadurch einschränkt, dass man bestenfalls die ersten zwei Seiten der Suchergebnisse anklickt –, kann es zu fatalen Rückkoppelungen kommen.

Es beginnt banal: Eine E-Mail, die nicht innerhalb von 48 Stunden beantwortet wird, wird nie beantwortet. Und es endet sehr viel existenzieller: ein Mensch, dessen Facebook-Eintrag verwaist, dessen Blog nicht geklickt wird, ein Wissen, das nicht im Internet existiert, ein Mensch, der keine Spuren im Netz hinterlässt – all das hört auf zu existieren. Wenn Sie das nicht glauben, fragen Sie Ihren Arbeitgeber von 2020.

DIE ZUKUNFT DER BILDUNG

Im Jahre 2007 tauchte im Internet ein Video auf, in dem ein paar Studenten einer relativ unbedeutenden amerikanischen Universität ihre Zukunft beschrieben. Innerhalb kürzester Zeit war »Eine Vision der Studenten von heute« mit über 8 Millionen Downloads eines der populärsten im Netz und löste eine Informationskaskade in Universitäten auf der ganzen Welt aus.[161] Dabei war das, was der Film zeigte, dramaturgisch und ästhetisch ziemlich unspektakulär: Studenten sitzen in einem Vorlesungssaal und halten nach und nach Schrifttafeln hoch, auf denen sie Aussagen über ihr Leben machen.

Der Regisseur des knapp fünfminütigen Videos war der Anthropologe Michael Wesch und dadurch wurde der Film nicht nur ein Film sondern eine Expedition. Wesch blickte auf eine Population junger Menschen mit dem Blick des Forschungsreisenden, der einer fremden Kultur begegnet. Die fremde Kultur bei dieser Expedition sind keine fremden Stämme, sondern die »digitalen Eingeborenen« des Jahres 2007, Menschen, die keine Welt ohne Computer, Handy und Internet kennen. Im Durchschnitt sind die Studenten in Weschs Video 17 Jahre alt. Das bedeutete, sie waren vier Jahre alt, als das World Wide Web, wie wir es kennen, entstand, und sieben, als Google zum ersten Mal online ging. Der Zuschauer des Films wird in einen zunächst schwarz-weißen leeren Hörsaal geleitet, mit seinem heruntergekommenen Mobiliar, seiner Kreidetafel, seinen verwitterten Graffiti. Es könnte heute sein oder vor 40 Jahren. Dann wechselt die Farbe, und man sieht die Studenten von heute, die ihre Botschaften in die Kamera halten:

- In meinem Seminar sind 115 Leute.
- Ich beende 49 Prozent der Bücher, die ich lesen muss.
- Ich kaufe für 100 Dollar Seminarbücher, die ich niemals aufschlage.
- Ich werde dieses Jahr acht Bücher lesen, 2300 Webseiten und 1281 Facebook-Profile.
- Ich bin 3 ½ Stunden pro Tag online.
- Ich verbringe 2 Stunden am Tag an meinem Handy.
- Ich werde dieses Semester 42 Seiten Seminararbeiten schreiben und über 500 Seiten E-Mails.
- Dieser Laptop kostet mehr, als manche Menschen im ganzen Jahr verdienen.
- Ich facebooke durch die meisten meiner Vorlesungen.
- Nach meinem Examen werde ich wahrscheinlich einen Job bekommen, den es heute noch gar nicht gibt.
- Das bringt mir nichts (Student zeigt Multiple-Choice-Test).
- Ich bin ein Multitasker (Ich bin dazu gezwungen).

Dann endet der Film mit einer letzten Botschaft: »Manche sagen, die Technologie rettet uns. Manche sagen, *nur* die Technologie rettet uns«.

Weschs Video war keine Kulturkritik eines frustrierten Lehrers mit ebenso frustrierten Studenten. Es war deshalb so wirkungsvoll, weil es den fast verzweifelten Konflikt zwischen zwei Formen von kommunikativer Arbeit zeigte. Seine Studenten leiden unter der verstaubten Art der Lehre. Sie leiden aber auch erkennbar unter den modernen Kommunikationsformeln, die von ihnen wie Zwangshandlungen Besitz zu ergreifen schienen. Wesch hatte zuvor mehrere Jahre als Anthropologe in Guinea die Auswirkungen der Alphabetisierung in einer schriftlosen Kultur untersucht und wendete nun den Blick, den er damals eingeübt hatte, auf die digitalen Eingeborenen des einundzwanzigsten Jahrhunderts an. Seine Erfolge zeigen, dass der Sinn für nichtalgorithmisches Denken, für Heuristiken, für Denkprozesse tatsächlich gelehrt werden kann. Aber um das zu erreichen, muss man zunächst einmal die Aufmerksamkeit erzeugen, die die notwendige Voraussetzung dafür wäre, dass sich Schüler und Studenten überhaupt auf das faszinierende Spiel mit Perspektivwechseln einlassen?

Die Antwort liegt im Jagdtrieb nach Informationen. Wesch benutzt die Computer zu dem, worin sie sehr gut sind: als Jagdgebiete für fette Informationsbeute. Der einzige Unterschied besteht darin, dass nun nicht mehr Google allein die Korrelationen herstellt, sondern die beteiligten Studenten ihr eigenes und das Jagdverhalten und die Beute ihrer Kommilitonen beobachten müssen.

Das ist ein »Smart Mob«, ein kognitives Computermenschspiel, in dem Studenten erleben, dass der letzte Schritt der Kommunikation, die Urteilsfindung, im eigenen Kopf, also außerhalb des Computers stattfindet. Wie schafft man es beispielsweise, dass jeder einzelne Student vor Semesterbeginn 94 Aufsätze gefunden und gelesen hat? Wesch beauftragte jeden Studenten, 5 Artikel zu lesen und schriftlich zusammenzufassen. Die Zusammenfassung wurde auf einer gemeinsamen Website veröffentlicht, die sie sofort allen anderen Studenten zugänglich machte. Alle Resümees mussten 36 Stunden vor Semesterbeginn online sein. Das gab den Studenten die Möglichkeit, alle Zusammenfassungen und Kommentare ihrer Kommilitonen zu lesen. Alle sechzehn Studenten hatten in der ersten Seminarstunde 5 Artikel gelesen und die entscheidenden Gedanken von 94 weiteren Aufsätzen aufgenommen. »Uns hielt es praktisch nicht auf unseren Stühlen«, schreibt Wesch auf seinem Blog, »wir fanden Verbindungen und debattierten Querverweise, wie ich es *niemals* zuvor in einem Proseminar erlebt habe.«[162]

Freunde pädagogischer Disziplin werden die Stirn runzeln und verkünden, dass, wer nicht lesen will, auch nicht studieren soll. Aber mittlerweile sollte klar geworden sein, dass der kognitive Akt des Lesens und der menschlichen Informationsverarbeitung nicht mehr ausschließlich eine Frage des freien Willens ist. Beispiele wie diese zeigen, dass die Vorstellung des nach DIN-Normen erfassten und in Aktenordnern archivierten Subjekts ebenso unpraktisch ist, wie es Aktenordner selber geworden sind. Die Computer tun nichts anderes, als mit der menschlichen Faszination der Suche zu spielen, mal zu ihrem Vorteil, mal zu ihrem Verderben. Aber Glücksbotenstoffe wie Dopamin werden nicht nur durch googeln freigesetzt; jeder, der einen Gedanken oder eine Lösung gefunden hat, ein Kunstwerk geschaffen oder eine Erkenntnis verinnerlicht hat, kennt das »Heureka« kognitiver Beglückung. Die Testpersonen, die Snellens Augenkarte verkehrt herum lasen, waren blind für das, was sie nicht erwarteten. Doch als man ihnen den *Prozess* erklärte, der sich eben vor ihren Augen abgespielt hat, waren sie imstande, daraus sofort Konsequenzen für ihr weiteres Leben zu ziehen. Die Ärzte, denen intuitive Regeln für den Umgang mit Statistiken beigebracht wurden, entwickelten eine neue Kreativität und ein sehr viel freieres Verhältnis zur angeblichen unwiderstehlichen Autorität von Zahlen.

Solange die Konsequenzen der Informationsrevolution keine Konsequenzen in Schulen und Hochschulen haben, werden Wirtschaft und Politik nicht akzeptieren, dass die kognitiven Veränderungen der Menschen ein gesellschaftliches Faktum und keine Privatangelegenheit einzelner überforderter Menschen sind. Dabei geht es nicht darum, schon Kindergärten mit Computern auszustatten – im Gegenteil. Es ist absurd, schon Kleinkinder auf Systeme zu schulen, die, wenn sie groß geworden sind, so veraltet sein werden wie heute der Rechenschieber. Alles spricht dafür, dass die Bildung der Zukunft darin bestehen muss, Unsicherheiten zu entwickeln. Sie muss Subjektivitäten, nicht Subjekte unterrichten. Das ist das Gleiche, was Ellen Langers Patienten die Angst genommen und das Leben gerettet hat. Das ist kein einfacher Vorgang, denn er zerstört die Illusion von Kontrolle, die uns Computer und ihre Algorithmen verschaffen. Der Psychologe Thomas Szasz hat es eine Verwundung des eigenen Selbstwertgefühls genannt, weil man auch von lieb gewonnenen Perspektiven Abschied nehmen muss, die einen bisher definierten.[163]

Doch die Erfolge von Wesch, der Langers »Aufmerksamkeit« in die Pädagogik übersetzt, sind offensichtlich, und es liegt auf der Hand, was zu tun ist. Es ist gar nicht besonders schwer, wenn man sich vom Zertifizierungswahn und der grotesken Verschulung heutiger Hochschulausbildungen verabschiedet. Und jenseits aller psychologischen und didaktischen Gründe: In Deutschland wird ein Großteil der heutigen Studenten Berufe ausüben müssen, die es zum Zeitpunkt ihres Studiums noch gar nicht gibt. Die Informationsgesellschaften sind gezwungen, ein neues Verhältnis zwischen Wissensgedächtnis und Denken zu etablieren. Tun sie es nicht, sprengen sie buchstäblich das geistige Auffassungsvermögen ihrer Bewohner.

Das pure Wissensgedächtnis stammt aus Zeiten, in denen Information nicht nur rar war, sondern auch geschützt werden musste. Bibliotheken konnten verbrennen, und das Wissen, das ein Lehrer im Laufe seines Lebens angesammelt hatte, verschwand mit seinem Tod. Heute ist das Wissen buchstäblich in der Luft, die uns umgibt und die wir atmen. Eine kleine UMTS-Karte, nicht größer als ein Daumennagel, reicht aus, es abzurufen. Wir wissen nicht, was wir wissen müssen, indem wir statische Lehrpläne aufstellen. Im Informationszeitalter ist das notwendige Wissen abhängig von dem Kontext, in dem wir uns bewegen. »Wissen on demand«, wie der Internet-Vordenker Danny Hillis es formuliert, mag für viele eine schauderhafte Vorstellung sein, aber das ändert nichts an ihrer Wirksamkeit und daran, dass so unsere Zukunft aussehen wird. Und es ist weitaus weniger schauderhaft als das, was in den letzten Jahren mit unserem Bildungssystem geschehen ist, das den finanzindustriellen Standards von weltweiten Abschlüssen und weltweit identischen Lerninhalten nacheiferte und so die deutsche Universität zu einer intellektuellen Controlling-Agentur machte.

Cornell, ohne Zweifel eine der angesehensten Universitäten der USA, hat beispielsweise das Programm »Gute Fragen« mit großem Erfolg eingeführt. Einige Stunden vor der Vorlesung stellen Studenten über eine interaktive Webseite ihrem Professor Fragen zum spezifischen Vorlesungsthema. Der Lehrer kann nun »just in time« seine Vorlesung an die Fragen der Studenten anpassen. Sie lernen nicht mehr, was sie wissen müssen, sondern was sie nicht verstanden haben. Die Erfolge des »tiefen Lernens«- ein Zwilling des »tiefen Lesens«, von dem Maryanne Wolf spricht – sind enorm. »Just in time«-Bildung ist in Wahrheit nichts anderes als die Wiederkehr des alten platonischen Symposiums mit den Mitteln moderner Technologie. Sie funktioniert selbst für die klassische Vorlesung, die sich am stärksten am alten Sender-Empfänger-Modell (einer spricht, alle hören zu) der Vergangenheit orientiert.

»Erziehung ist viel mehr als der Transfer von Informationen«, erklärt ein Harvard-Physiker, der das Programm übernommen hat, »die Information muss assimiliert werden. Die Studenten müssen die Information mit dem verbinden, was sie bereits wissen, geistige Modelle entwickeln, das neue Wissen in völlig unbekannten Situationen testen und anwenden lernen.«[164]

Wir befinden uns mit unseren Köpfen noch zwischen zwei Welten: die alte, in denen Wissen im Kopf gespeichert werden musste, und die neue, in der die Systeme die Speicherung übernehmen. Systeme, die uns Wissen und statistische Informationen im Bruchteil eines Wimpernschlags zur Verfügung stellen können. Vor Kurzem habe ich einem Gast den Weg zu unserem Treffpunkt erklären wollen, als mir einfiel, dass er bei Google arbeitet und diese Information von mir am wenigsten benötigt. Bald wird sie auch gar keinen Sinn mehr machen, weil über die Vernetzungen sein Handy ihm nicht nur den Weg sagt, sondern auch, wann er am besten losfährt, um pünktlich anzukommen. Das ist ein einfaches Beispiel, aber man kann es hochrechnen: nie wieder Wegbeschreibungen geben, heißt mehr Zeit zu haben. Für die künftigen Patienten von Ellen Langer heißt es: Die Information ist da, zugänglich und verschwindet nicht. Also kann man die Zeit dazu nutzen, mit dem Patienten Perspektivwechsel einzuüben, ihm klarzumachen, dass das, was statistisch stimmt, für ihn nicht zutreffen muss. Auch die Probanden von Ellen Langer aus den internetfreien Zeiten erlebten längst ihre Version von Informationsüberflutung. Und in vielem hatten sie es schwerer als wir, damit umzugehen.

Heute haben wir noch immer das Gefühl, dass die Informationen vor uns davonlaufen, wenn wir nicht schnell genug sind, sie zu absorbieren. Aber sie laufen nicht davon, sie werden gespeichert. Selbst die SMS verschwindet nicht wieder und lässt uns hungrig zurück. Nur denken wir das, weil wir selbst mit E-Mails so umgehen, wie wir es in der Schule gelernt haben: Aufpassen, Information aufnehmen, auswendig lernen, verinnerlichen. Aber das führt automatisch dazu, dass jede Information den gleichen Rang bekommt und wir nicht mehr unterscheiden können, was wichtig ist und was nicht.

Wir scheinen zu glauben, dass wir unsere Intelligenz, Bildung und Kreativität dadurch sichern, dass wir mit den Computern in einer Art spannungsgeladener Koexistenz leben. Aber es gibt keine Koexistenz. Wir müssen die Computer tun lassen, was sie tun können, damit wir frei werden in dem, was wir können, um sie mit neuen Befehlen zu versorgen. Digitale Informationen verschaffen uns die Möglichkeit, die Informationen zu überdenken, statt sie zu sammeln. Wir müssen den Weg nicht mehr beschreiben, also können wir über das Ziel nachdenken. Wir müssen nicht erst mühsam auf Nahrungssuche gehen, wir können uns gesund ernähren. Die heutige Babyboomer-Generation, die aufgewachsen ist zwischen der Schule der siebziger Jahre, der Kinderstunde und MTV, hat die größten Mühen, die Lern-Disziplinierungen der Vergangenheit zu verlernen. Sie stammt aus einer Welt, in der Bildung ebenso Massenproduktion war wie die Herstellung von Autos.

Doch wir wissen nicht mehr, was Lernen und Lehren *bedeutet*. Das zeigt sich dort, wo über unsere Zukunft entschieden wird: im Bereich des Lernens und der Bildung. Unsere Praxis ist hoffnungslos veraltet und gut gemeinte Versuche, eine Art digitale Alphabetisierung durchzuführen, benutzen die Werkzeuge, so wie die Buschmänner in »Die Götter müssen verrückt sein« die Cola-Flasche. Völlig desinteressiert daran, dass die digitale Welt im Begriff ist, unsere Hirnverdrahtungen zu verändern wie seit der Erfindung des Lesens nicht mehr, behandeln viele Schulen und Universitäten die Maschinen weiterhin so, als seien sie Fernseher, die nur senden, und verschlimmern damit die kognitive Krise. Denn nicht nur die Computer sind reine Sender, auch die Lehrer und Professoren sind es allzu oft. Sie senden vom Pult ihre Informationen an die Empfänger, die

Schüler, Studenten, die Lehrenden, und die wiederum halten es für »Aufmerksamkeit«, wenn sie den Professor anschauen. Wenn es je eine Maschinisierung gab, dann ist es diese.

»Bücher werden bald nicht mehr nötig sein … Der Erfinder dieses Systems verdient es, als einer der wichtigsten Beförderer des Lernens und der Wissenschaften gefeiert zu werden, ja womöglich ist er der größte Wohltäter der Menschheit überhaupt.« Das schrieb Josiah F. Burnstead, allerdings bereits 1841 zur Einführung der Kreidetafel in amerikanischen Schulen. Die Kreidetafel war in der Tat eine geniale Erfindung und brach mit Traditionen des bloßen Diktats. Aber das ist über 160 Jahre her. Zum Vergleich: Kann man sich vorstellen, dass im Jahre 2170 an irgendeiner Hochschule noch mit Powerpoint-Präsentationen unterrichtet wird? Auch Snellens Augentafel hielt fast so lange durch wie die Kreidetafel. Man muss sie umdrehen, um das Unerwartete zu sehen.

Denn die Antwort lautet nicht, dass Powerpoint-Präsentationen und Computer der Ausweg sind – wir haben gesehen, wie sie gedankenloses Denken produzieren können –, sie sind noch nichts anderes als Folterinstrumente, solange unsere Vorstellung vom Lernen weiter so funktioniert, als stünde einer an der Tafel und verbreite Informationen. Die Informationen hat jeder. Aber was Menschen verzweifelt lernen müssen, ist, welche Information wichtig und welche unwichtig ist. Das ist womöglich die große Stunde der Philosophie. Denn egal wie viele Computeranimationen man benutzt – wenn man nicht begreift, dass wir heutzutage Wissen nicht mehr nur aufnehmen, sondern permanent selbst produzieren – so wie jede Google-Anfrage eine Antwort für Google ist, jede GPS-Abfrage eine Antwort für GPS –, dass jede Diskussion in einem Seminar oder Klassenzimmer potenziell über Youtube oder das Google-Scholar zum Wissen beiträgt (worauf dann zu entscheiden ist, wie sehr), ersticken wir in der Eindimensionalität des bloßen Lernens. Wir rasen »auf dem Datenhighway«, aber wir produzieren, was der große Medientheoretiker Marshall McLuhan den »Rückspiegel-Effekt« nannte: »Wir übersetzen alles Neue in die Formen der Vergangenheit.«[165] So entstehen die verhängnisvollen Scripte, die uns wie Drehbücher in vorgegebene Rollen und Verhaltensmuster zwingen. Den Blick fest in den Rückspiegel gerichtet, übersehen wir fast vollständig die neuen Wege, die wir nehmen könnten.

»Informelles Lernen« war lange Zeit ein Geheimtipp idealistischer Pädagogen in der Erwachsenenbildung. Gemeint ist heute damit ein Lernen, das das pure Wissensgedächtnis entlasten will und stattdessen zu dem erziehen will, was auch die Patienten von Ellen Langer erlebt haben: Perspektivwechsel, nicht-algorithmische, also völlig unberechenbare Lösungsansätze. Wie überall in der Welt der neuen Technologien gibt es auch hier Extremisten und Evangelisten, die oft nichts anderes als ein Geschäftsmodell an den Kunden bringen wollen. Aber ob die Methoden nun auf das (sehr begrüßenswerte) »Ent-Konferenzen« von Arbeitsplätzen zielen oder auf die Befreiung von den Erinnerungen an das falsche Lernen in der eigenen Schulzeit, wie es der Managementberater Jay Cross versucht, es geht im besten Fall darum, Menschen das tun zu lassen, was sie am besten können – und das zu entrümpeln, was die Computer uns abnehmen.

Die Befreiung, die digitale Informationen für all die Aufgaben bedeuten, die Computer besser können als wir, ist in den meisten Schulen oder Universitäten noch nicht angekommen. Stattdessen hat ein darwinistischer Wettlauf zwischen Mensch und Maschine begonnen. Nur wenige haben erkannt, dass es wichtiger ist, Hypothesen, Faustregeln (Heuristiken) und Denkweisen zu lehren und zu lernen als statistisch abfragbare Fakten. Wir aber beharren auf den Lerninhalten des letzten Jahrhunderts und prüfen gleichzeitig aber die Qualität von Schülern und Studenten mit den statistischen Mitteln des 21. Jahrhunderts. Höheres Lernen in Deutschland, gekennzeichnet durch Fehlentwicklungen wie den »Bologna-Prozess«, gibt sich gern den Anschein des Bildungsbürgerlichen, ist aber in Wahrheit nichts anderes als die Zwangsverschickung des Geistes in die Vergangenheit. Wir gehen mit der Erfahrung mit dem Wissen von heute um und muten uns und der nachwachsenden Generation zu, das Telefonbuch zu lesen, auswendig zu lernen und gleichzeitig zu benutzen – und das in Zeiten, wo es selbst Telefonbücher gar nicht mehr gibt.

Umgekehrt kann der Computer nicht der letzte Richter über Informationen, menschliche Denkprozesse oder Leistungsnachweise sein. Je stärker die Computer in unsere Sprache und in unsere Kommunikation eingreifen, desto dringender wird eine Erziehung, die zeigt, dass die wertvollsten menschlichen Verhaltensweisen durch Nicht-Vorausberechenbarkeit gekennzeichnet sind.

Man darf nie vergessen, dass Algorithmen Garantien sind. Algorithmen erreichen irgendwann immer das Ziel, das sie anstreben. Das entspricht in gewisser Weise der kapitalistischen Lebensphilosophie des »wer was kann, setzt sich durch«, aber jeder weiß auch, dass sie im wirklichen Leben keine Lebensphilosophie sondern oft eine Lebenslüge ist. Und dass es im wirklichen Leben keine Garantie gibt. Je stärker Menschen ihre gesamte kommunikative Umwelt von Mathematik kontrollieren lassen, desto geringer werden die Abwehrkräfte gegen solche Ideologien. Aber Wissen, das zeigen die Arbeiten von Michael Wesch, erlangt man nur, wenn man sich selbst als nicht berechenbares Wesen wahrnimmt. Menschen, die die Welt und sich selbst nur noch als Bestandteile algorithmischer Prozesse sehen, wehren sich nicht mehr gegen Überwachung, sei es durch Kameras, sei es durch eine Software, die jede ihrer Lebensäußerungen bewertet und hochrechnet. Schulen müssen Computer als Instrumente integrieren, die Schüler nicht nur benutzen, sondern über die sie nachdenken müssen. Sie müssen erkennen lernen, dass die verführerische Sprache der Algorithmen nur Instrumente sind, dafür da, um Menschen Denken und Kreativität zu ermöglichen.

Denn das, worum es beim Erfassen von Ich, Welt und Weltall wirklich gehe, so hat es hat der große Physiker Roger Penrose in einer Antwort auf seine Kritiker geschrieben, »ist nicht durch Computer zu berechnen. Es ist etwas *vollkommen* anderes.«[166] Der Computer kann keinen einzigen kreativen Akt berechnen, voraussagen oder erklären. Kein Algorithmus erklärt Mozart oder Picasso oder auch nur den Geistesblitz den irgendein Schüler irgendwo auf der Welt hat. Die Bildung der Zukunft lehrt Computer zu nutzen, um durch den Kontakt mit ihnen das zu lehren, was nur Menschen können.

GLASPERLENSPIEL

Die Informationsexplosion steht unmittelbar vor ihrer nächsten Zündung. Das Echtzeit-Internet wird in den Alltag jedes Einzelnen eine unendliche Anzahl von Signalen senden, die unser Verhältnis zur Zeit verändern werden. Handys und mobile Geräte werden die Antreiber dieser Entwicklung sein. Cloud-Computing wird die Daten, die Programme und Betriebssysteme nicht mehr auf den einzelnen Geräten speichern, sondern in einem Archipel der Wolken, der gleichsam über uns schwebt und auf das jedes Gerät, von der Ampelschaltung bis zum Großrechner, jederzeit Zugriff hat. Wir werden zwei Hirne haben, eines im Kopf und eines in den Wolken, eines auf Erden und eines im Himmel.

»Wir würden tatsächlich in Informationen ertrinken«, sagt Eric Schmidt, der Chef von Google, »wenn wir im Echtzeit-Internet die Suche traditionell betreiben wollten. Suche wird sich jedoch immer mehr zu einer vorhersagenden Suche entwickeln. Wir werden sagen können, ob das Konzert, das Sie heute Abend besuchen wollen, gut oder schlecht ist, weil wir durchsuchen können, wie die Menschen darüber im Internet reden. Die Suche wird Ihnen eine Empfehlung geben können, wann Sie losfahren sollten, weil wir über das Internet erfahren, wie viele Fahrzeuge zu dem Konzert unterwegs sind. Wir werden schon während des Konzertes sagen können, ob es hält, was sich die Leute davon versprochen haben, weil immer mehr Leute während eines Konzertes twittern oder kommunizieren.

Und wir werden nach dem Konzert sagen können, wie das Ergebnis war und ob sich die Zuschauer schnell oder langsam auf den Heimweg machten.« Echtzeit-Internet wird unser Verhalten in die Zukunft drehen und komplexe Reaktionsmuster auslösen, die wir heute umgangssprachlich mit dem Begriff »selbsterfüllende Prophezeiung« belegen. Sie werden uns viel abnehmen. Aber man denke an Ellen Langers Patienten: Sie werden, wenn Menschen sie als reine Informationen aufnehmen, auch Geschehnisse auslösen, die nur geschehen, weil Computer sie erwarten.

»Ein aufregenderer Aspekt«, sagte Google-Gründer Larry Page vor ein paar Jahren in einem Interview, »ist die Vorstellung, dass Ihr Gehirn von Google verstärkt wird. Wenn Sie beispielsweise an etwas denken, könnte Ihnen Ihr Handy die Antwort ins Ohr flüstern.«[167] Es sollte mittlerweile klar geworden sein, dass es sich bei solchen Visionen nicht um haltlose Fantastereien handelt. Schon in naher Zukunft werden Handys mit Projektoren ausgestattet sein, die jede Oberfläche, von der Handfläche bis zur Hauswand, zu einem Computerterminal machen, der Zugang zum World Wide Web ermöglicht. Das Projekt trägt den bezeichnenden Titel »The Sixth Sense«. Ist der User bereit, sich von den Computern vollständig lesen zu lassen, seine Suchgeschichte und seine Daten zur Verfügung zu stellen, verbindet sich eine Welt, die zum Computerterminal geworden ist, mit der von Google verkündeten Vision, dass der Computer Antworten liefert, ohne die Frage zu kennen.[168]

Es war keine Science-Fiction, als der Autor Bruce Sterlin die Ankunft der »Spimes« vorhersagte, die die uns gebaute Wirklichkeit verändern werden. Sie sind bereits bei Autos in Produktion. Spimes sind banalste Chips, die in fast jedes Produkt eingebaut werden, das uns umgibt. Sie werden, wenn man will, nicht nur Daten über seinen Zustand senden, sondern auch über die Geschichte seines Gebrauchs. Das akzeptiert man bei einem Motor. Der nächste Schritt sind Türöffner, Sportschuhe, Nahrungsmittel und am Ende der eigene Körper. Die größte Gefahr ist, dass die Welt der Vorhersagen eine Welt der Vorherbestimmung wird.

Wir erleben gerade in Echtzeit, wie eine Gesellschaft unwiderruflich die Fundamente ihres Weltbildes ändert. Erst die, die heute noch mit Lego spielen, werden es so selbstverständlich finden, wie der Fisch das Wasser. Noch hat sich nicht überall herumgesprochen, dass nicht nur die Hirnforscher, sondern auch moderne Psychologen davon ausgehen, dass der freie Wille ein Konstrukt ist, und dass in unserem Hirn »geistige Butler« arbeiten, »die unsere Absichten und Vorlieben so gut kennen, dass sie sie vorwegnehmen und die Dinge für uns (ohne Bewusstsein, F.S.) regeln«.[169] John Bargh hat das geschrieben in einer der einflussreichsten psychologischen Studien der letzten Jahre, der er in Anlehnung an Milan Kunderas Roman den Titel »Der unerträgliche Automatismus des Seins« gegeben hat.

Und hier bei der Frage des freien Willens zeigt sich schließlich auch, wie wichtig der Perspektivwechsel in Zeiten des digitalen Lebens ist. Sie ist keine akademische Frage. In einer vorausberechneten und vorhergesagten Welt wird sie zu einer Alltagsfrage der Menschen. Dabei ist es völlig egal, ob es einen freien Willen gibt oder nicht, wichtig ist, dass wir an ihn glauben – ein Glaube, den uns kein Computer der Welt geben kann, ja der im Widerspruch zu seinem Programmauftrag steht. Denn wenn der Glaube an den freien Willen schwindet, verändert sich das soziale Verhalten von Menschen schlagartig. Sie werden deutlich aggressiver und weniger hilfsbereit gegenüber anderen Menschen.[170] Vielleicht ist der freie Wille eine Illusion, und die Computermodelle, die ihn widerlegen, haben Recht. Aber es ist eine Illusion, die, wie Roy Baumeister schreibt, der Gesellschaft nützt, weil sie ihr das Fortbestehen ermöglicht.

Menschen spüren längst, worum es hier geht. Nur deshalb sind die Instinkte so wach, die Zensur, Manipulation und Überwachung von Seiten des Staates schon im Keim ersticken wollen. Aber der Staat ist nur ein Spieler in diesem Spiel. Andere Mitspieler sind die großen Internet-Unternehmen, Parteien und Lobbyisten. Aber sie alle sind nichts gegen die Gefahr, die droht, wenn sich durch die Computerisierung des Lebens sanft und unwiderstehlich unser eigenes Menschenbild zu verändern beginnt. Die Vorstufen – von den Schuldgefühlen und den Krankheitsbildern des misslingenden Multitaskings bis zur totalen Ich-Erschöpfung des Einzelnen – haben wir in diesem Buch kennengelernt. Und all das kann ohne Zweifel zu einem Leben permanenter, panikartiger und sogar erzwungener Vernetzungen führen. Aber die Chancen, dass daraus etwas Gutes wird, sind ebenso groß. Ich habe keine Angst um das Papier, auf dem dieses Buch gedruckt wird. Es ist kein Informationsträger der Vergangenheit, und es kann neben den Bildschirmen bestehen. Es wird anders gelesen werden, denn es ist ein Gedanken-Träger, aus dem bei der Lektüre keine digitalen Schlüsse gezogen und keine soziale Vernetzung erzwungen werden können. Je stärker Menschen in der elektronischen Welt in digitale Savannen geführt werden, desto größer wird das Bedürfnis nach der uneinnehmbaren Festung des dünnen Papiers. Vielleicht nur deshalb, damit Menschen herausfinden können, ob sie noch selbstbestimmt denken und Ziele definieren können. Aber es ist nur ein Symbol. Es geht darum, Verzögerungen in unser Denken einzubauen, um den Aufmerksamkeitsmuskel zu stärken. Auch der aller Romantik unverdächtige John Bargh sieht darin einen Ausweg aus den natürlichen und selbstauferlegten Automatismen des Lebens. Menschen übernehmen Automatismen und Stereotype, Skripts und Drehbücher, weil die Reize und das menschliche Denken zu schnell für uns sind, als dass wir wirklich unseren Gedanken folgen könnten. Wir bemerken sie oft zu spät. Darum zwingen uns die lichtschnellen Computer immer stärker dazu, routiniert auf die Welt zu reagieren. Doch wenn man aufmerksam zuhört, so Bargh, kann man die Gedanken hören.

»Ich hab es selbst probiert und es stimmt. Sie können folgen. Die Geschwindigkeit ist das Problem. Sie müssen gleich nach einem äußeren Reiz zuhören, und Sie können es hören und jedem einzelnen Glied Ihrer Gedankenkette folgen.«[171]

Es gibt eine Utopie für unseren künftigen Umgang mit unserem Wissen und den sekündlich neu eintreffenden Informationen. Hermann Hesses »Glasperlenspiel« beschreibt eine Welt, in der der Umgang mit Informationen nicht mehr vom nie zu stillenden Hunger geprägt wird, sondern vom Spiel. Das gesamte Wissen der Menschheit wird von den Glasperlenspielern nicht konsumiert, sondern »gespielt wie eine Orgel vom Organisten, und diese Orgel ist von einer kaum auszudenkenden Vollkommenheit. Theoretisch ließe sich mit diesem Instrument der ganze geistige Weltinhalt im Spiele reproduzieren«. Durch die Computer sind die Gesellschaften längst in die Phase des Spiels eingetreten, aber haben es bislang denjenigen überlassen, die an Börsen und Finanzmärkten verhängnisvolle Wetten auf Informationen abschließen.

Der Computer beendet eine lange Geschichte, in denen Organismen ihre Informationen in Speichern ausgelagert haben. Beginnend mit der ersten DNA der Bakterien, über die Artefakte, die Schriften, die großen Bibliotheken. Jetzt sind Menschen an den Speicher ebenso angeschlossen wie an ihr Gehirn. Zu wissen, dass wir bestimmte Dinge nicht mehr wissen müssen, hat nur Sinn, wenn wir aufräumen und den frei gewordenen Platz nutzen, wenn das nicht geschieht, wird uns, wie der Neuroethiker Thomas Metzinger schreibt, die Kontrolle über unsere eigene Aufmerksamkeit entrissen und wir flirren dahin in einer »Mischung aus Traum, Rausch und Infantilisierung«.[172]

Es geht um Realitäten. In Schulen, Universitäten und an den Arbeitsplätzen muss das Verhältnis zwischen Herr und Knecht, zwischen Mensch und Maschine neu bestimmt werden. Die Gesellschaft, die die Kontrolle über ihr Denken neuartig zurückgewinnt, ist eine, in der in Schulen und Hochschulen Meditationen als Teil des Unterrichts angeboten werden. Sie werden zu Institutionen, in denen Denken gelehrt wird und nicht Gedanken, indem wir lehren, in Zeiten der Suchmaschine den Wert der richtigen Frage zu erkennen.

Es gibt Äonen von Gedanken, die wir in dieser Sekunde mit einem einzigen Knopfdruck abrufen können. Aber kein Gedanke ist so wertvoll und so neu und schön wie der, dessen erstes Flügelschlagen wir gerade jetzt in unserem Bewusstsein hören.

DANKSAGUNG

Dieses Buch hätte nie geschrieben werden können ohne die Hilfe vieler Menschen. Ich danke Stephen Baker, John Brockman, Nicholas Carr und Caleb Crain. Die Geschichte der künstlichen Intelligenz, die in diesem Buch nur gestreift werden kann, liest sich wie ein Thriller, und wird eines Tages elementarer Bestandteil von Philosophiegeschichten sein. Vint Cerf, der »Vater des Internet« und George Dyson, der Historiker der künstlichen Intelligenz, haben mir Vergangenheit und Zukunft der großen kognitiven Wende erläutert. Ich danke Gerd Gigerenzer für erleuchtende Einblick in Heuristiken, W. Daniel Hillis für seine Erklärung, warum Computer viel mehr als der Mensch leisten können, Jeff Hawkins für die Demonstration, wie Computer sich mit Hirnen verlinken, Ray Kurzweil, dem User »Meriko« von Wikipedia, Clifford Nass, Stefan Niggemeier, Kay Oberbeck, Peter Pirolli und Wolf Singer. Eric E. Schmidt und Craig Venter haben über Bande gespielt: Sie haben mir klar gemacht, wohin die Suche der Rechner uns führen wird und wie sehr das Verhältnis von Suchalgorithmen und DNA einen wesentlichen Teil unserer Zukunft bestimmen wird. Maryanne Wolf und Ellen Langer bin ich zu besonderem Dank verpflichtet. Sie haben mir neue Dimensionen des Lesens und Verstehens gezeigt. Charles Simonyi, der das Weltall ebenso gut kennt wie den Quellcode von Word, auf dem dieses Buch geschrieben wurde, war ein großartiger Lehrer, was auch sein Spam-Filter nicht verhindern konnte, in dem meine Mails regelmäßig landeten. Es versteht sich von selbst, dass keiner der Genannten die Verantwortung für meine Deutung trägt. Matthias Landwehr danke ich, dass er mich auch ohne SMS bei Laune hielt, meinen Verlegern Ulrich Genzler und Tilo Eckardt für ihre klugen Fragen und dafür, dass sie die Ruhe bewahrten, Jakob Schirrmacher für Einsichten in die Computerwelt von Menschen, die eine Welt von Internet und WWW nicht kennen. Vor allem aber danke ich Rebecca Casati. Ohne sie wäre dieses Buch eine »Page not found« geworden.

ANMERKUNGEN

ERSTER TEIL

Warum wir tun, was wir nicht tun wollen

MEIN KOPF KOMMT NICHT MEHR MIT

1 http://www.wired.com/culture/lifestyle/news/2004/06/63733
2 http://www.nytimes.com/2009/03/18/us/18juries.html?_r=1
3 Dennett, Daniel C.: The Bright Stuff. NYT, 12.7.2003/http://www.nytimes.com/2003/07/12/opinion/12DENN.html
4 http://www.edge.org/3rd_culture/shirky08/shirky/08_index.html
5 http://www2.sims.berkeley.edu/research/projects/how-much-info-2003/execsum.htm
6 http://www.edge.org/q2006/q06_8.html

DAS NEUE HIRN

7 Brewster, E.T.: Natural Wonders every child should know. New York 1912, S. 123–135
8 Hodges, A: Alan Turing. The enigma. London 1988, 11 f.
9 Brewster, S. 133.
10 http://www.edge.org/3rd_culture/dyson05/dyson05_index.html
11 Dyson, G.: Darwin im Reich der Maschinen. Wien 2001, S. 262
12 Alles was unter 100 Prozent liegt, ist ein Design-Fehler der Website: Nielsen Norman Group Report: Teenagers on the Web: 61 Usability Guidelines for Creating Compelling Websites for Teens. http://www.nngroup.com/reports/teens/
13 http://www.popmatters.com/pm/feature/108274-scratching-the-surface-your-brain-on-the-internet/P1/
14 http://www.cringely.com/2009/06/teens-dont-twitter/
15 http://online.wsj.com/public/article/SB116553463083344032-9kSGKb7mlDbKnP_bODbne3JavT4_20070107.html

UNSER DENKAPPARAT VERWANDELT SICH

16 Simon, H. A. <http://en.wikipedia.org/wiki/Herbert_Simon> (1971), Designing Organizations for an Information-Rich World, written at Baltimore, MD, in Martin Greenberger, Computers, Communication, and the Public Interest, The Johns Hopkins Press. Online unter: http://diva.library.cmu.edu/webapp/simon/item.jsp?q=/box00055/fld04178/bdl0002/doc0001/&view=txt <http://diva.library.cmu.edu/webapp/simon/item.jsp?q=/box00055/fld04178/bdl0002/doc0001/&view=txt>

17 vgl. Spitzer, M.: Vorsicht Bildschirm!: Elektronische Medien, Gehirnentwicklung, Gesundheit und Gesellschaft, Stuttgart 2006

18 Czerwinski, M., Chrisman, S., & Rudisill, M. (1991), Interruptions in Multitasking Situations: The Effects of Similarity and Warning, Technical Report JSC-24757, NASA Johnson Space Center, Houston, Texas. Vgl. Jackson. M. Distracted, New York 2008, S. 89–92

19 http://www.edge.org/q2006/q06_8.html

20 http://www.nytimes.com/2006/03/26/opinion/26tenner.html <http://www.nytimes.com/2006/03/26/opinion/26tenner.html>

21 »To Read or Not to Read – A Question of National Consequence«, National Endowment for the Arts, Washington, November 2007, 5

22 http://www.newyorker.com/arts/critics/atlarge/2007/12/24/071224crat_atlarge_crain/?currentPage=3

23 persönliche Mitteilung

24 Wolf, M.: Proust and the Squid. The Story and Science of the Reading Brain. New York 2008, S. 229

25 ebenda

WARUM DER ARZT NICHT HELFEN KANN

26 Gigerenzer, G. u.a.: »Helping Doctors and Patients Make Sense of Health Statistics«, Psychological Science in the Public Interest, 8/2, 2008

27 vgl. FAZ, 12.8.2009/N1

28 Hartzband, P./Groopman J.: Off the record – Avoiding the pitfall of going electronic. NEJMS, Volume 358:1656–1658

DER DIGITALE TAYLORISMUS

29 http://pdos.csail.mit.edu/scigen/#examples

30 http://panko.shidler.hawaii.edu/HumanErr/

31 Alle Beispiele bei http://panko.shidler.hawaii.edu/ssr/Mypapers/whatknow.htm
32 vgl. Klingberg, T.: Multitasking. München 2008
33 Hartzband, ibid.
34 Hillis, D.: http://www.edge.org/discourse/carr_google.html
35 Small. G./Vorgan G.: iBrain. Wie die neue Medienwelt Gehirn und Seele unserer Kinder verändert. Stuttgart 2009, 160–167.
36 zit. bei Jackson, 81. Auch Nicholas Carr verweist in seinem Google-Essay auf Taylor, allerdings ohne Jackson als Quelle zu nennen.
37 Taylor, F.W.: Report of a Lecture by and Questions Put to Mr. F. W. Taylor, Journal of Management History 1/1, (1995), S. 10

WARUM WIR UNS MEHR UND MEHR DEN MASCHINEN ANPASSEN

38 George Dyson, der die Computersysteme der fünfziger Jahre genau kennt, bemerkt, dass die Codes, die für einen Nuklearangriff entwickelt worden sind, bis heute ein »schwarzes Geheimnis« bleiben (persönliche Mitteilung). Die Frage ist, ob einem wohler dabei ist, dass ein Algorithmus die Entscheidung trifft oder ein Computer. Aus Sicht der Codes ist es etwas riskant zu behaupten, dass »Leviathan« die erste komplexe Mensch-Maschine-Software war. Gleichzeitig gab es mehrere andere Projekte, von denen die meisten mit der Luftverteidigung zu tun hatten. Die Arbeiten der »Whirlwind«-Gruppe in Massachusetts und das Projekt SAGE waren gewissermaßen der Überbau für Leviathan. Leviathan kam über den Laborstatus nicht wirklich hinaus, aber beeinflusste SAGE. Die Reste von SAGE und Leviathan finden sich heute beispielsweise in dem SABRE Reservierungssystem der Fluggesellschaften.
39 Taylor, Report, S. 12

WIE WIR DIE KUNST DES FLIEGENS VERLERNEN

40 Tenner, E.: Searching for Dummies. NYT, 26.3.2006/ http://www.nytimes.com/2006/03/26/opinion/26tenner.html
41 Haldane, J.B.S.: Man's Destiny. In: J.B.S.Haldane: Possible Worlds and other Papers. New York 1928, S. 303
42 http://www.wired.com/wiredscience/2009/09/googlefoodwebs/
43 http://oversight.house.gov/story.asp?id=2256 <http://oversight.house.gov/story.asp?id=2256>

44 http://www.nytimes.com/2008/10/12/opinion/12dooling.html
45 http://www.wired.com/techbiz/it/magazine/17-03/wp_quant
46 http://www.huffingtonpost.com/2008/11/02/man-versus-machine_n_140115.html
47 Carr, N.: Is Google Making Us Stupid?, The Atlantic, VOLUME 301 NO. 6, July/August 2008. Online: http://www.theatlantic.com/doc/200807/google <http://www.theatlantic.com/doc/200807/google>
48 Sanger, Edge http://www.edge.org/3rd_culture/bios/sanger.html
49 http://www.edge.org/discourse/carr_google.html
50 Als Erster der »Matrix«-Inspirator Kevin Kelly. vgl. http://www.kk.org/thetechnium/
51 http://freakonomics.blogs.nytimes.com/2008/10/16/is-google-making-us-smarter/
52 http://chronicle.com/article/The-End-of-Solitude/3708/

CHAOS IM KURZZEITGEDÄCHTNIS

53 Baker, S.: Numerati. Datenhaie und ihre geheimen Machenschaften; Übersetzt aus dem Englischen von Karsten Petersen, München 2009, S. 21
54 persönliche Mitteilung
55 http://www.nytimes.com/2005/10/16/magazine/16guru.html

MULTITASKING IST KÖRPERVERLETZUNG

56 Banerjee, A./Mullainathan, S., Limited Attention and Income, S. 489–493
57 http://www.time.com/time/magazine/article/0,9171,1147199-1,00.html
58 Ophir, E./Nass, C./Wagner, A.D.: Cognitive control in media multitaskers, *PNAS* 2009 106:15583-15587 (Die Studie wurde mir von den Verfassern vorab zur Verfügung gestellt) S. 489–493
59 vgl. http://news.zdnet.com/2100-9589_22–142014.html
60 Nass, C.: Cognitive a. a. O.

DIE COMPUTER LERNEN UNS KENNEN

61 vgl. Baker, Numerati, für ähnliche Beispiele
62 Brockman, J.: Digerati: Encounters with the Cyber Elite <http://www.amazon.com/exec/obidos/ASIN/1888869046/n/qid=913970811/

sr=2-5/002-6796862-3062667> , New York 1996. vgl. http://www.edge.org/documents/digerati/Hillis.html <http://www.edge.org/documents/digerati/Hillis.html>

63 http://www.edge.org/q2006/q06_8.html

64 ebenda

65 Dass Computer sadistische Systeme sind, hat als erster Alexander Galloway betont. S. Interview online: http://cultureandcommunication.org/galloway/interview_barcelona_sept07.txt

66 http://www.edge.org/3rd_culture/maes/maes_p4.html

67 vgl. Gigerenzer/Todd: Simple heuristics that make us smart

68 Diese Heuristik kannte ich selber schon nicht mehr, ich verdanke sie einer mündlichen Mitteilung Gerd Gigerenzers.

69 Cooke, S.: Memory Enhancement, Memory Erasure. In: Brockman, J. (ed.) What's next? Dispatches on the Future of Science, New York 2009, S. 130

COMPUTER KÖNNEN KEINE GESCHICHTEN ERZÄHLEN

70 Fairerweise muss angemerkt werden, dass der Kognitionsforscher Donald Norman diese Deutung für übertrieben hält, mit seinem Einspruch die NASA allerdings nicht überzeugen konnte.

71 http://www.edwardtufte.com/bboard/q-and-a-fetch-msg?msg_id=0001yB&topic_id=1&topic=Ask+E.T.

72 Jackson, 19

WIR WOLLEN SEIN WIE SIE

73 Dyson, 196

74 mündliche Mitteilung Kay Oberbeck

75 http://www.newscientist.com/article/dn7298

76 Standage, T.: Der Türke. Frankfurt 2002, 29f.

77 Poe, E.A.: Maelzels Schach-Spieler. Gesammelte Werke in 5 Bänden. Bd. 5, Zürich, 1994, S. 382

DIE GRÖSSTE ENTTÄUSCHUNG IM LEBEN EINES COMPUTERS

78 Postman, N.: Amusing ourselves to Death. New York 1985, 5

79 Nass, ibid.82

80 Nass, C./Moon Y.: Machines and Mindlessness. Social Responses to Computers. Journal of Social Issues, Vol. 56/1 (2000), 81–103.

81 ibid, 88.

82 Eun-Ju, L.: I like you, but I won't listen to you: Effects of rationality on affective and behavioral responses to computers that flatter. Int. J. Human-Computer Studies 67 (2009) 628–638

DIE VERWANDLUNG DES MENSCHEN IN MATHEMATIK

83 Baker, S.: The Web Knows What You Want, Business Week, July 27th 2009; online: http://www.businessweek.com/magazine/content/09_30/b4140048486880.htm?chan=magazine+channel_what's+next <http://www.businessweek.com/magazine/content/09_30/b4140048486880.htm?chan=magazine+channel_what's+next>

84 Walker, Rob. »They've got your number«, NYT,31.10.2008, http://www.nytimes.com/2008/11/02/books/review/Walker-t.html

85 persönliche Mitteilung von Eric Schmidt

86 personliche Mitteilung von Stephen Baker

87 http://www.cataphora.com/

88 Baker, Numerati 37

89 http://www.wired.com/science/discoveries/magazine/16-07/pb_theory

90 zit. bei Anderson

91 vgl. Anderson a.a.O.

92 http://www.edge.org/documents/archive/edge248.html#tracking

WENN MENSCHEN NICHT DENKEN

93 Langer, E./Blank, A./Chanowitz B.: The Mindlessness of Ostensibly Thoughtful Action:
The Role of »Placebic« Information in Interpersonal Interaction, Journal of Personality and Social Psychology 1978, Vol. 36, No. 6, S. 635–642

94 vgl. hierzu auch Langer,E./Djikica M.: Toward mindful social comparison: When subjective and objective selves are mutually, New Ideas in Psychology 25 (2007), S. 221–232

95 zit. bei Restak, R.: The Naked Brain. How the emerging neurosociety is changing how we live, work and love. New York 2006, S. 22. Dort auch eine Debatte von Whiteheads Formel aus neurobiologischer Sicht.

96 Persönliche Mitteilung

DER DIGITALE DARWINISMUS

97 Rifkin, J.: Das biotechnische Zeitalter, 310

98 http://www.edge.org/3rd_culture/bios/hillis.html

99 Merton, R.: The Matthew Effect in Science. The reward and communication systems. Science, 159 (3810): 56–63, January 5, 1968 of science are considered.

100 Barabási, A.L./Bonabeau, E.: Scale-Free Networks. Scientific American (50), May 2003.

101 Dennett,Daniel C.: Kinds of Minds: Towards an Understanding of Consciousness, Weidenfeld & Nicholson, London, 1996, S. 82

102 Pirolli, P. (2007). »Information Foraging Theory: Adaptive Interaction with Information.« New York, NY: Oxford University Press.

103 http://searchengineland.com/qa-with-marissa-mayer-google-vp-search-products-user-experience-10370

104 http://www.websiteoptimization.com/speed/tweak/information-foraging/interview.html

105 Small, G., i-Brain

106 Goldstone, R./Todd, E.: »Search in External and Internal Spaces: Evidence for Generalized Cognitive Search Processes«, Psychological Science. August, vol. 19 (8).

107 ebenda, siehe auch http://www.psychologicalscience.org/onlyhuman/2008/08/foraging-in-modern-world.cfm

108 Boden, Margaret A.: Mind as Machine. A History of Cognitive Science, New York 2006, S. 550.

109 http://www.psychologicalscience.org/onlyhuman/2008/08/foraging-in-modern-world.cfm

110 zit. bei Lewin, R.: Complexity: Life at the Edge of Chaos, New York 1992, S. 139. Vgl. Rifkin, Zeitalter, S. 307

WO FÄNGT DER COMPUTER AN, WO HÖRT DAS HIRN AUF?

111 zit. bei Dörner, D.: Bauplan für die Seele. Hamburg 2001, S. 807

112 Gigerenzer, G./Goldstein D.: Mind as Computer. Birth of a Metaphor. Creativity Research Journal, 9 (2 & 3), 1996, S. 131–144

113 Rifkin, 301

114 Vgl. Boden, M. A. Mind as Machine. A History of cogingitive Science. Vol 1, Oxford 2006, 169

115 Boden, 118

116 zitiert bei Girgenzer

WIE DAS WERKZEUG SEINEN ERFINDER UMARBEITET

117 http://www.stanford.edu/group/SHR/4-2/text/dialogues.html

118 http://www.huffingtonpost.com/2008/11/02/man-versus-machine_n_140115.html

119 Lanier ist von seiner Kritik mittlerweile abgerückt.

120 vgl. Geyer, C. Hirnforschung und Willensfreiheit. Zur Deutung der neuesten Experimente. Frankfurt 2004.

121 Geyer, 22

122 ebenda

123 Hawkins, J.: Intelligence. New York 2005, 203.

124 vgl. Langer, E./Moldoveanu M.: The Construct of Mindfulness Journal of Social Issues, Vol. 56, No. 1, 2000, S. 1–9

DIE ÄRA DER SANFTEN UND NÜTZLICHEN HERRSCHER

125 zit. bei Dyson http://www.edge.org/3rd_culture/dysonOS/dysonOS_index.html:

ZWEITER TEIL

Wie wir die Kontrolle über unser Denken zurückgewinnen können

DER DUFT, DER DIE WILLENSKRAFT LÄHMT

126 Roefs, A./Herman, C.P. u.a.: At first sight: how do restrained eaters evaluate high-fat palatable foods?, Appetite 44 (2005) 103–114

127 Baumeister, R./Bratslavsky, E./Muraven, M./Tice, D: Ego Depletion: Is the Active Self a Limited Resource? Journal of Personality and Social Psychology, 1998, Vol. 74, No. 5, 1252–1265. Der Vergleich mit dem Muskel stammt von Baumeister.

128 ebenda, vgl. Baumeister, R./Muraven, M./Tice, D.M.: Self-Control als Limited Resource: Regulatory Depletion Patterns; Journal of Personality and Social Psychology, 1998, 774–789.

DIE WISSENSCHAFT VON DER FATIGUE UND BURNOUT-ERSCHÖPFUNG

129 Baumeister R. u. a.: Free will in consumer behavior: Self-control, ego depletion, and choice. Journal of Consumer Psychology 18 (2008), 9. In Deutschland trägt wegweisend zu der Erforschung der »Ich-Erschöpfung« bei Wilhelm Hofmann von der Universität Würzburg.

130 Ariely, D.: Predictably Irrational: The Hidden Forces That Shape Our Decisions.New York 2008. Vgl. auch Malcolm Gladwells Deutung im »New Yorker« http://www.newyorker.com/arts/critics/books/2009/07/06/090706crbo_books_gladwell?currentPage=2 <http://www.newyorker.com/arts/critics/books/2009/07/06/090706crbo_books_gladwell?currentPage=2>

131 Baumeister, R. u. a.: Self-Regulation and Personality: How Interventions Increase Regulatory Success, and How Depletion Moderates the Effects of Traits on Behavior, Journal of Personality 74/6 (2006), 1797

132 vgl. Rabinbach, A.: The Human Motor. Energy, Fatigue, and the Origins of Modernity. Berkley/Los Angeles, 1990.

133 ebenda, 133.

134 http://www.nytimes.com/2006/08/13/magazine/13obesity.html?pagewanted=2

WIR SIND BLIND FÜR DAS, WAS WIR NICHT ERWARTEN

135 Langer, E.: Kluges Lernen. Sieben Kapitel über kreatives Denken und Handeln. Hamburg 2001 (rororo), S. 45

136 Langer, E./Moldoveanu, M.: The Construct of Mindfulness. Journal of Social Issues, Vol. 56, No. 1, 2000, p 7

137 Langer, E. J./Djikic. M./Madenci. A. u. a.: Believing is seeing: reversing vision inhibiting mindesets. Harvard University, Department of Psychology, 2009. Das Papier wurde von »Psychological Science« angenommen und wird dort in Kürze erscheinen (mündliche Mitteilung Ellen J. Langer).

138 Langer, E.: Counter-Clockwise. Mindful Health and the Power of Possibility. London 2009, 108.

139 http://images.google.com/imagelabeler/

140 Langer, E./Piper, A./Friedus, J.: The Prevention of Mindlessness, Journal of Personality and Social Psychology 53, 1987, 280–287

141 Langer E.: Kluges Lernen, S. 102–116

142 Langer, E.: Kluges Lernen. Sieben Kapitel über kreatives Denken und Handeln. Hamburg 2001, 34–37. Vgl. Encyclopedia of Creativity, Vol. II, London 1999, 230f.

143 vgl. Langer, E., Kluges Lernen, Hamburg, 2001, 34f.

144 Langer, Counter-Clockwise, 33

145 Bonnefon, J./Villejoubert G.: Tactful or doubtful? Expectations of politeness explain the severity bias in the interpretation of probability phrases. Psychological Science 17,9 (2006), 741–751.

146 persönliche Mitteilung, vgl. http://www.guardian.co.uk/film/2006/oct/18/news; http://www.kino.de/news/jennifer-aniston-geht-nach-harvard/218843.html

DAS COUNTER-CLOCKWISE-EXPERIMENT

147 Alexander C./Langer, E. (eds): Higher Stages of Human Development: Perspectives on Adult Growth. New York 1990. Gesamtdarstellung in: Langer, E.: Counter-Clockwise. Mindful Health and the Power of Possibility. London 2009.

148 Counter-Clockwise,11

149 Langer, E.: Kluges Lernen, Hamburg 2001, 41, vgl. 128.

150 http://www.edge.org/3rd_culture/gigerenzer03/gigerenzer_p3.html

151 ebenda. Vgl. Gigerenzer, G. u.a.: »Helping Doctors and Patients Make Sense of Health Statistics«, Psychological Science in the Public Interest, 8/2,2008

152 ebenda

153 persönliche Mitteilung

MODEN, TRENDS, BLASEN UND HYPES

154 http://www.nytimes.com/2009/08/09/fashion/09love.html?pagewanted=2

155 http://www.kk.org/thetechnium/archives/2004/11/when_answers_ar.php <http://www.kk.org/thetechnium/archives/2004/11/when_answers_ar.php>

156 http://www.kk.org/thetechnium/archives/2009/01/a_new_kind_of_m.php

157 Sunstein, C.R.: Infotopia. Frankfurt 2009, 112f.

158 http://www.edge.org/q2006/q06_5.html

159 http://ksudigg.wetpaint.com/page/Collaborative+Research+Proposal?t=anon

ZUFÄLLE, DIE KEINE SIND

160 Neumann, J. v.: The Computer and the Brain, New JHaven 2000, 78.

DIE ZUKUNFT DER BILDUNG

161 http://mediatedcultures.net/ksudigg/?p=119

162 http://mediatedcultures.net/ksudigg/?p=202

163 zit. bei Wesch http://www.academiccommons.org/commons/essay/knowledgable-knowledge-able#6

164 zit. bei. Tapscott, D.: Grown Up Digital. How the Net Generation is changing your world. New York 2009, 132.

165 The Tawlor Review, 15/2, 2007, 12.

166 http://www.edge.org/documents/ThirdCulture/v-Ch.14.html <http://www.edge.org/documents/ThirdCulture/v-Ch.14.html>

GLASPERLENSPIEL

167 zit. bei Carr,N.: The Big Switch. Der große Wandel. Heidelberg 2009, 249.

168 Eric Schmidt auf dem Google-Pressday, Mai 2006. vgl. Carr, 261.

169 Bargh, J.A./Chartrand, T. A.: The Unbearable Automaticity of Being. American Psychologist, July 1999.

170 Baumeister, R. F., Masicampo, E. J., & DeWall, C. N. (2009). Prosocial benefits of feeling free: Disbelief in free will increases aggression and reduces helpfulness. Personality and Social Psychology Bulletin, 35, 260–268.

171 http://www.politicsofwellbeing.com/2009/07/interview-with-john-bargh.html

172 Metzinger, T.: Der Ego-Tunnel. Berlin 2009, S. 330

PERSONENREGISTER